社交资本
影响式销售

卢战卡 —— 著

当代世界出版社
THE CONTEMPORARY WORLD PRESS

图书在版编目（CIP）数据

影响式销售 / 卢战卡著. -- 北京：当代世界出版社，2021.6
（社交资本）
ISBN 978-7-5090-1610-7

Ⅰ. ①影… Ⅱ. ①卢… Ⅲ. ①销售－通俗读物 Ⅳ. ①F713.3-49

中国版本图书馆CIP数据核字（2021）第086608号

影响式销售（社交资本）

作　　者：	卢战卡
出版发行：	当代世界出版社
地　　址：	北京市东城区地安门东大街70-9号
网　　址：	http://www.worldpress.org.cn
编务电话：	（010）83907528
发行电话：	（010）83908410（传真）
	13601274970
	18611107149
	13521909533
经　　销：	全国新华书店
印　　刷：	北京兰星球彩色印刷有限公司
开　　本：	880毫米×1230毫米　1/32
印　　张：	7
字　　数：	170千字
版　　次：	2021年6月第1版
印　　次：	2021年6月第1次
书　　号：	978-7-5090-1610-7
定　　价：	42.80元

如发现印装质量问题，请与承印厂联系调换。
版权所有，翻版必究，未经许可，不得转载！

前言
PREFACE

　　有人的地方就有江湖，想笑傲江湖就离不开社交功夫。每个人都有社交属性，但大部分人由于从小没有接受过全面系统的社交训练，在生活中难免会遇到很多困扰。不过我们也无须太过悲观，正因为社交无处不在，**所以，我们想改变命运、实现成功和找到幸福才有了捷径——只要能有效影响人，几乎就能搞定一切。**综观职场，无论哪个领域，只有善于做人的工作，才有可能成为佼佼者，否则一辈子都不可能得到应有的回报。

　　很多人把对人的工作视作务虚，把对事和物的工作视作务实，甚至还有人单方面地认为这些交际功夫会让人变得太务虚，不够务实。这些都是对务虚的偏见。其实我一直有个观点：**在务实基础上的务虚，是获得最大回报的务实。**正如一个努力工作又善于表达的职员，更容易获得升职加薪的机会，努力工作是基础项，善于表达是加分项。总的来说，**务实决定了人的发展下限，而在务实基础上的务虚往往决定了人的发展上限。**站在商业的角度，也许会有人觉得社交跟赚钱无关，这其实是大错特错了。因为一切商业的本质就是交换，一切交换的前提都源自社交！翟鸿燊曾强调：同流才能交流，交流才能交心，交心才有交易。如果你会社交，还愁赚不到钱吗？

　　无论是为了人缘、爱情、家庭和睦、提升威望，还是为了在公关、管理等场景下实现更大的经济效益，社交都在发挥着举足轻重的作用。

没有人不该重视社交，但没多少人能真正做到有结果的社交。因为任何有效社交的本质，都在于影响。你能影响对方，才能实现你想要的结果。一个人能影响多少人，才代表他有多强的社交资本。而想影响人，就要懂人性和社交原理。你能多懂一个人，才能多深刻地影响这个人。

基于对人性的洞察研究和对社交原理的认识，我常思考该如何结合自己的专长和更多的调研，给大家整理出一套更符合大众实际情况、更成体系、更有可复制性、更易学易用的社交功夫。与此同时，正好接到了喜马拉雅 FM 的邀请，希望我能开办专栏进行分享。在内因和外因的共同促使下，我自然是义无反顾地要打磨好这套课程了。值得感恩的是，这套课程《成为交际高手的 72 套功夫》在喜马拉雅刚一推出，就有幸得到了新东方创始人俞敏洪老师、《我是演说家》陈秋实老师、央视主持人肖贵宁老师等大咖的强力推荐和喜马拉雅平台的多次开屏推荐、首页推荐等，这套课程上架不到 1 个月报名人数就突破了 1 万，并且好评如潮。

感谢粉丝们一直以来对我的信任和鼓励，正因为大家积极踊跃的反馈，我后来又在今日头条、百度百家号陆续上架了《365 堂说话之道》《108 套销售心法》《中国式饭局社交》等专栏课，半年多的时间购买人数就突破了 4 万，并且一直在平台保持同类目销量和好评之冠。后来我的课程被 400 多个平台邀请分发，也引来很多企业的团购。由于这些专栏一直在平台深受欢迎，疫情到来之时，我也积极地带头推动专栏免费学公益助学活动，一个月帮助了47万余人宅家长知识，成为头条、百度等多平台公益助学先锋。在此期间，我经常被粉丝和企业界的朋友问到"有没有文字版"，很多人希望这些系统化的经验能够出版发行，以便更好地指导他们的社交实战。为此，我精选了上述课程中的精华内容，花费了一年的时间打磨出了"社交资本"系列《影响式社交》《影响式表达》《影响式销售》这三部曲。为了让读者有更大的收获和良好的阅读体验，我还将很多实用方法进行了图解。在此过程中，尤其要感谢庞晓双、李佳昊等小伙伴为整理书稿付出的辛苦。

我希望能打造一系列人人都用得着的社交工具书，希望它能成为你的转运之作，希望你无论过去是什么角色，都可以通过这些社交功夫实现逆袭，也希望你跟人打交道时无论遇到什么难题，都可以从此书中找到相应的答案。希望能帮你做到：一册在手，社交无忧！

当然，再诚挚的愿景，也难免有不尽如人意的地方，欢迎您在阅读过程中多多批评指正，有任何宝贵意见都可以在首页找到我们进行反馈，希望我们可以一起将这套书的内容不断优化，打磨得越来越好。

说在最后：无论你身份角色有哪些变化，自身有哪些目的，你本色中的真善美永远是你恒久发挥社交威力的基石。所以，愿你内外兼修，成为真正有魅力的"万人迷"！

卢战卡

2021年3月

目 录

CHAPTER 1

第一篇 / 销售是一种说服的功夫

01 推功：推销的本质和建议 …… 002

02 卖功：买卖的本质和建议 …… 010

03 备功：销售前的全面准备 …… 019

04 寻功：寻找客户 …… 027

05 信功：速建信赖 …… 038

06 察功：洞察需求 …… 047

CHAPTER 2

第二篇 / 解决如何快速成交的问题

07 塑功：塑造产品价值 …… 056

08 区功：区隔竞争对手 …… 068

09 解功：解除顾客质疑 …… 076

10 易功：快速达成交易 …… 084

11 转功：让顾客转介绍 …… 092

12 服功：跟进售后服务 …… 101

CONTENTS

CHAPTER 3

第三篇 / 如何谈判才能立于不败之地

13 | 虚功：务虚求实 —— 112
14 | 疑功：质疑发难 —— 123
15 | 拒功：以拒为进 —— 131
16 | 议功：砍价议价 —— 140
17 | 疯功：疯狂情绪 —— 148
18 | 咬功：咬住条件 —— 156

CHAPTER 4

第四篇 / 成功关键在于思维模式

19 | 破功：破解套路 —— 164
20 | 让功：让步牵制 —— 171
21 | 势功：借势造势 —— 179
22 | 变功：以变破局 —— 188
23 | 赢功：双赢思维 —— 195
24 | 定功：坚定特质 —— 203

CHAPTER 1

第一篇

销售是一种说服的功夫

01 | 推功：推销的本质和建议

当我们需要把一样东西推销给对方的时候，首先要明白推销的究竟是什么？是东西本身，还是额外的好处？其实这些都不是关键，归根结底，我们要推销的是一种观念。

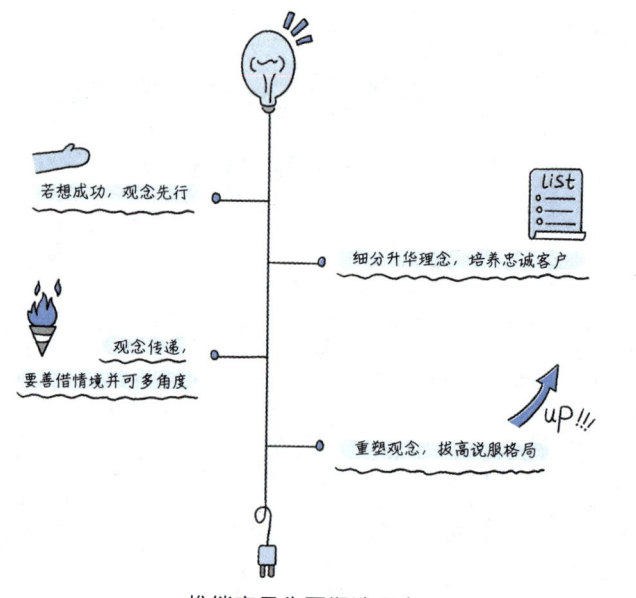

若想成功，观念先行

细分升华理念，培养忠诚客户

观念传递，要善借情境并可多角度

重塑观念，拔高说服格局

推销产品先要塑造观念

推销产品先要塑造观念

1. 交易若想成功，观念必须先行

观念一致，行为就比较容易同步，因为人的观念支配着行动，人们往往会根据自身形成的观念进行各种行动。如果你能赋予产品一种观念，并引导对方接受此观念，那么对方自然就容易接受观念对应的产品或服务。

在商业活动中，尤其在销售过程中，最难的往往有两件事，一是把你的思想装入别人的脑袋里；二是让别人把钱放到你的口袋里。哪个更难呢？当然是第一个，如果你在与人交往中是一个优秀的布道师，能把第一个问题解决了，还愁别人不把钱给你吗？

当你记住"推销东西前先要推销观念"之后，就要学会挖掘自己所处行业、推广产品所对应的用户群体最容易受影响的观念。我们试拿一些行业的产品推广者常用的观念举例。

举例1：美容行业销售从业人员的常用推广观念

常用型

（1）这世上没有丑女人，只有懒女人。

（2）女人美丽靠保养。

警示型

（1）会保养是老样子，不保养是样子老。

（2）你不舍得给自己花钱，你的男人就会把钱花到别的女人身上。

（3）至今没有一个女人因为打扮自己而倾家荡产，却有很多女人因为自己不装扮而人财两空。

引用型

有人说："女人就像一本书，如果你的封面都吸引不了人，谁会有兴趣去翻阅你的内容。"

举例2：保险行业销售从业人员的常用推广观念

常用型

（1）我们永远不知道明天和意外哪个会先来。

（2）保险就是强制储蓄，万一不幸是雪中送炭，一生健康是锦上添花。

对比型

（1）让100变成103的是银行，让100变成130的是投资，让100

变成 10 万的是保险。

（2）给孩子买一个雪糕，是给他三分钟的快乐；

给孩子买一件衣服，是给他一星期的快乐；

给孩子买一份保险，是给他一辈子的幸福。

功能型

（1）没有保险，我们为医院打工，有了保险，保险公司为我们打工。

（2）买保险不是为了发财，而是避免因意外而变穷。

（3）买保险不是用来改变生活的，而是为了防止生活被改变的。

情感型

（1）意外发生在别人身上是故事，发生在自己身上是事故！

（2）保险是你快乐时最容易忘记的朋友，是你痛苦时第一个想去找的朋友。

警示型

（1）身体一年比一年贬值，保费一年比一年贵。

（2）今天你拒绝保险，明天你可能被保险拒绝。

（3）买保险千万不能等，算出来的是收益，算不出来的是风险。

2. 细分升华理念，培养忠诚顾客

上述这些行业产品的观念塑造，只要善加应用，一定会让客户发现问题，并感兴趣解决问题。但当对方真的需要解决方案时，你还要为你的企业产品创造不一样的理念，去迎合或引导对方，才会让对方印象深刻，从而培养客户的忠诚度。

同类产品，往往因有不一样的理念，而拥有不一样的忠诚用户。就像同样是鞋子，不同的品牌在传递不同的理念：

耐克：Just do it 想做就做／尽管去做；If you really want it 只要心够决

阿迪达斯：Impossible is nothing 没有不可能

安踏：Keep moving 永不止步

李宁：Everything is possible 一切皆有可能

鸿星尔克：To be No.1 成为第一

特步：非一般的感觉

理念是观念的进一步升华，观念又与理念密不可分。 进一步推送企业理念、细分产品理念，都是培养忠诚客户的需要。一旦推销员成功推销企业理念，顾客在购买产品时，就会把个人需求与企业品牌联系起来，表现出对企业产品的认可、支持、信赖，逐渐成为企业产品的忠诚客户。

总而言之，交易若想成功，观念必须先行，细分升华理念，培养忠诚顾客。

3. 观念传递，要善借情境

每个人都有多重身份，在不同的情境下，就有不同的身份、角色，而变化的身份又决定着人变化的价值观、信念和准则。如果你读过我《影响式表达》中讲到的苏格拉底式提问，你就会知道人在不同场景下对正义的判定标准是不一样的。

社会心理学中有一个"情境同一性"原理。指的是对应于每种社会情境，人们都有与自己社会身份相符合的行为模式。 这种行为模式即人们对应于特定情境，并与自己特定的社会角色相符合的情境同一性。

由此可见，我们想传递一种观念，可以先想清楚哪种情境下的身份更容易被接受。如果你直接传递观念对方不一定能接受的话，那就给对方设定一种情境，哪怕是虚拟假定的情境，在"情境同一性"原理的影响下，对方往往更容易受情境影响而出现相应的身份和价值观，从而在行动上也比较容易接受你、认同你。

直销界的朋友为什么要经常组织家庭聚会？家庭聚会就是一种情

境，新人本身可能对直销产品并不感兴趣，但当他参与到朋友组织的家庭聚会中，那种开放、舒服、有信赖感和参与度的生活化情境，会让他很难再做一个冷眼旁观者，当他以朋友、家人的身份来了解一样产品的时候，就比较容易打开心门，最终实现交易。

所以，观念的传递，要善借情境，因为人的主观看法会随着情境的变化而变化。同时，观念传递可从身份、价值观、信念、准则等多角度入手。因为这些属于人的主观因素，相较于客观因素，往往更容易被影响。

如果我们能从主观上同步对方的身份、价值观，同步对方的信念、准则或理想的话，对方就会用我们期望的行动同步配合我们的目的。

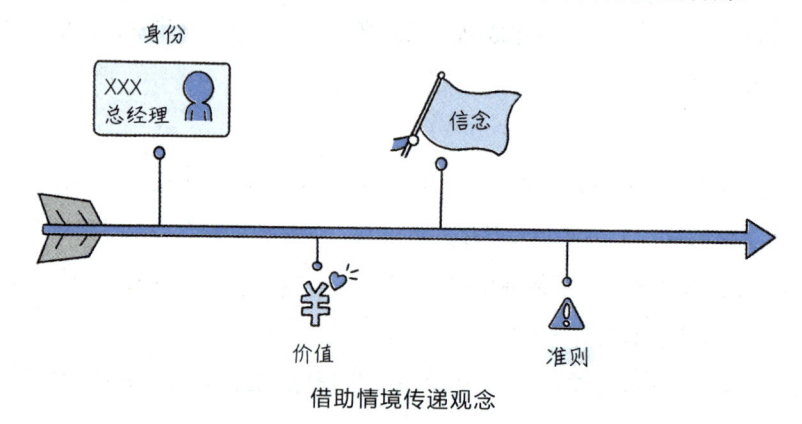

借助情境传递观念

在多角度推销观念方面，给大家提几个建议：

1. 用集体绑定。绑定一个集体来说事，往往更容易激发对方的自动顺从反应。

例1：军事领袖在进行战前动员时，常常会说这样的话："身为一个军人，理应／我们应该……"

例2：电视剧《亮剑》中的赵刚在说服国民党俘虏兵时，用了"我们每一个有良知的中国人，都应该……"

例3：马云身为企业领袖，为激励士气，也常拿企业文化来讲：

"我们是阿里人,所以……"

例4:销售员面对顾客,也可以用一个群体去"绑架"顾客:"真正负责的父母,无不……"

2.对身份重设。让对方认识到新身份,才会有新思想、新作为。

例1:销售员可以根据顾客的表现,总结引导:"咱们是……人"或"相信您也是……"

例2:会劝解人的人,常用这样的口吻:"你不是……更是……"或"别忘了你还是……"

例3:为了鼓舞人,可以拿对方的梦想进行激励:"作为一个想要/终将……人,是绝不……"

3.对理念频繁宣传。频繁影响才有可能加强认知,甚至成为人们抹不掉的潜意识。

例1:即使毫无逻辑,也频繁宣传成功的脑白金广告:"今年过节不送礼,送礼就送脑白金。"

例2:领导人要经常提起企业愿景,即使大家都听吐了,但潜意识却会因此有长远追求。

例3:一个注重个人品牌、不断传播正能量和专业度的销售员,一定是顶级销售员。

① 用集体绑定　② 身份重设　③ 理念频繁宣传

多角度推销观念的3点建议

4. 重塑观念，拔高说服格局

在这个世界上，向来都是先知先觉者影响后知后觉者。如果你能想在别人前面，在思想理念上比别人站得高、看得远、领悟得透，并能很清晰地描绘出对方真正要的是什么，你就很容易让他人听从你的建议。

所以，在我们推销之前，应该首先想明白，顾客之所以购买我们产品的背后深层次原因是什么，如果顾客总怀有顾虑，我们是否能找到一个更深层次的理由，让对方一下子醍醐灌顶、豁然开朗？

销售人员要养成一个习惯，不要着急去解答顾客提出来的各种各样的表面问题，那不是你要恋战的地方。顾客有些时候并不是特别清楚自己到底要的是什么，而你的使命，就是要有效地启发并清晰地描绘出他心中的梦想、他背后的诉求。当你能够把这些描绘得很清楚，他其实会很开心地买单。每个人心中都有梦想，但是他们往往会把这个梦想埋得很深，甚至有些时候他们自己都看不到，如果你能帮助他把这个梦想描绘出来的话，他会非常感激你，甚至和你成为很好的朋友。

比如说我自己也在孵化一些职业教育品牌，其中一个项目就是要打造内外兼修、德才兼备、软硬全能、专长复合、学实共进的新青年精英，对很多积极的大学生而言，此项目理念清晰，定位精准，让人能看得到未来的可能性，所以，得到了很多相同价值观的学员内心的认可，因此我们也和很多学员建立了非常好的关系。我们不仅是师生，更是朋友，有几次我们平台有其他推广任务要集中做，我们的学员全都是无条件地支持。

你和顾客建立起来的金钱关系，只是很小很小的一部分关系，你们完全可以成为很好的朋友。重塑观念，重塑梦想，就能重塑客户忠诚度。我们要赋予自己的服务方案或者产品一定的人格，以吸引和维护认可的同类中人，你自己最好就是这方面观念的最佳代言人。当你通过价值观的重塑，满足对方的梦想或者初衷，他不仅不会因为你赚过他的钱而耿耿于怀，而且会因为你描绘了他的梦想，对你感激不尽。所以，结合产品进行观念的重塑非常非常重要。

所以，大胆地去为你的产品创造一个好的观念吧，那样你才能通过推功，影响更多人。

02 卖功：买卖的本质和建议

如果上一节"推功"帮你掌握了推销的本质，那这一节"卖功"就要帮你掌握买卖、销售的本质。

一说到买卖，可能好多人的第一反应会是，我不是做买卖的，这是不是和我关系并不大？如果你这样想，那你就想得太简单了。我们每天的衣食住行都离不开买卖行为，可是我们到底买的是什么？商家又在卖什么？买卖的本质，你真的清楚吗？站在消费者的角度，若搞不清楚，很容易掉进坑里；站在销售者的角度，若搞不清楚，就很难做到会卖巧卖。

既然如此，接下来，咱们就一一展开来说。

客户买的是感觉

很多时候，客户买东西，其实就是买感觉。商家们都不遗余力地在两个方面下功夫，一是想尽办法抓住客户，二是让客户感觉很不错。只要感觉到位，不管是不是真不错，客户都没耐心去了解了，尤其是在网上消费，最多再看一下评价就会下单了。

人就是这样，感觉对了，一切就对了；感觉不对，一切都不对。

正因如此，不同的品牌大师，都在自己产品上塑造不一样的感觉给客户。

比如，买汽车，你认为奔驰和宝马有什么区别？为什么有的人买宝马有的人买奔驰呢？难道是因为奔驰和宝马的质量不同吗？难道是它们其中一个价格更低吗？都不是，就是因为它们给人的感觉不同。

如果你看过奔驰和宝马最有代表性的宣传片，你就会发现，宝马的宣传片，总是给人一种风驰电掣的感觉，所以买完宝马车的人立刻就想出去飙一下，总是有一种莫名的想加油门的冲动，所以宝马卖的是一种驾驶的感觉、狂放不羁的感觉。那么奔驰呢，奔驰卖的是一种尊贵的气质和体验。所以呢，你买了奔驰之后，最好能找个司机给你开，然后你坐在后面享受乘坐的体验，这样的话才能显出你的身份。正因为两者传递的是不一样的感觉，所以流传着这样一句话：开宝马，坐奔驰。相当于宝马卖的是前座，奔驰卖的是后座。

同样是汽车，日系车（如丰田、本田、日产等）给人以省油的感觉；美系车（如福特、别克、凯迪拉克等）给人以硬朗的感觉。虽然车速若到了120km/h以上出现事故都基本没救，但还是有人就钟情于沃尔沃，因为它的广告往往突出安全的感觉。大众、奥迪呢，给人以商务的感觉，尤其是帕萨特和奥迪A6，给人的感觉几乎是中国政商界座驾的代表。

不同的品牌车都在结合自己的特点挖掘那种给客户的感觉，而三菱汽车，相较于其他特点鲜明的汽车，没什么特别的亮点，但它当时在台湾做了个广告，造成了轰动效应。

这个广告，讲的是一个在台北工作的女白领，她小的时候每次放学都是父亲骑自行车来接她回家，年复一年，日复一日。这孩子长大了，去了大城市打拼，父亲呢，已经两鬓斑白，眼睛眯起来了，背也弯了好多。但女孩每次回家探亲，父亲都会坚持骑自行车去接她。终于有一天，女孩买了一辆属于自己的三菱汽车，这次当她回家时，父亲仍然早早地来到了那个熟悉的村口。朴实的父亲依然骑着自行车在前面带路，仿佛是怕孩子忘了回家的路，而这个女孩也驾车跟在父亲的后面。汽车在慢慢行驶的过程中，女孩的眼眶湿润了，她知道那是父亲对她的爱。就在这个最感人的瞬间，广告语出来了："三菱汽车，欢迎你随时回家。"

宝马 奔驰

驾驶的感觉
狂放不羁的感觉

尊贵的气质
彰显身份

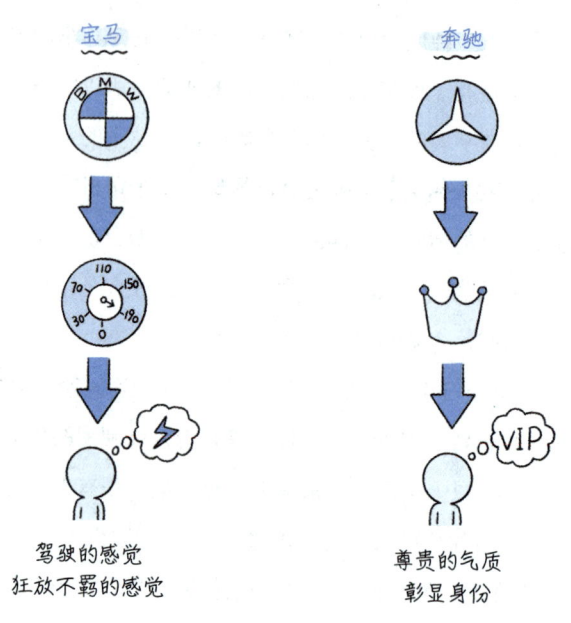

不同的品牌塑造不一样的感觉

如果你看过这则广告，一定会感动，它不仅给人一种游子思乡、荣归故里的感觉，还传递了一种宾至如归、方便服务的感觉。对那些在大城市打拼的游子而言，想买车回家的时候，他大概会第一时间想起这则广告给他留下的感觉，三菱汽车被考虑的可能性就会比较大。

其实价位差不太多、同等级别的汽车，开起来动力真的差别那么大吗？空间舒适感差别有那么大吗？根本没有！但不同的人买车时还是会特别钟情于某一种。

一流的广告其实都在塑造感觉，它们都试图把一种感觉深深植入客户的心中。

可口可乐早年在美国的广告，一直在塑造一种激情进取的感觉。而百事可乐刚推出来的时候，广告全部请年轻明星代言，打造的就是时尚自由、新新人类的感觉。红牛给人以补充能量抗疲劳的感觉，娃哈哈营养快线给人以补充营养的感觉,王老吉给人以去火的感觉,雪碧给人以透心凉的感觉。在你从运动场出来大汗淋漓地冲进超市,想要让自己凉爽一下时,你可能会不由自主地选择雪碧,不是它真的比旁边的饮料更凉(物理温度是一样的),而是它让你感觉更冰爽,这就是广告效应。怕上火时喝王老吉,你虽然不知道这句话是否有科学依据,但是你吃烧烤怕上火时仍然会选择它,因为你买的是感觉,是一种心理安慰、心理暗示。

完美沟通的最高境界是让对方感觉良好,不管实质上到底是怎么样,对方如果感觉好了,往往就会比较容易接受。如果感觉不对,哪怕你说得再专业,哪怕你能找到再多的根据,对方也很有可能因为这种感觉而放弃对你的选择。这就叫:感觉不对,一切都不对。

感觉带动三部曲

既然感觉如此重要,那如何更好地带动对方的感觉,从而产生交易呢?

策略1:了解对方喜好。人总是会对自己感兴趣的事物有感觉,无论通过侧面探知,还是察言观色,你都需要了解对方对什么人、事、物比较感兴趣。就像你想让一个女孩子喜欢你,就需要调查了解这个女孩子平常有什么偏爱,吃穿住行、生活娱乐、人事喜恶,了解越多越有利,尤其是知道她喜欢什么感觉的男生,你才有机会让对方眼前一亮,进而吸引对方。

策略2:自行表现带动。想让对方有什么感觉,首先你自己要有那种感觉,否则,你很难带动对方。人与人之间的感觉是能够起到自动感染和带动作用的。就像你要请客吃饭或请人娱乐时,你自己都不开心,怎么让别人开心?卖东西也是一样,你说你的东西好,是背的台词话

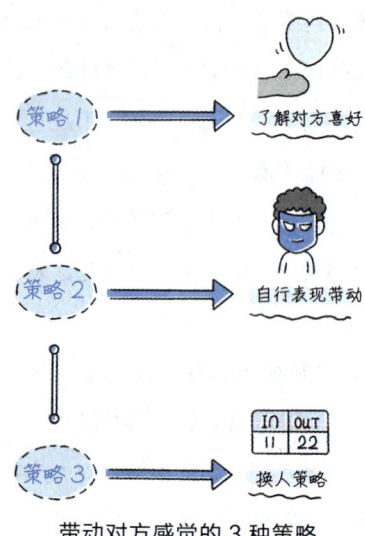

带动对方感觉的3种策略

术,还是那种发自肺腑的自己用后的感受,人是能感受到的。所以,想让对方拥有感觉的关键,就在于你的表现和带动。

比如说你向顾客推销保健品,你正说产品好的时候,自己却喀喀地咳得像一个有肺病的人,这样的你给对方的感觉能好吗?你自己都不是产品的最佳代言人,顾客的感觉当然不好,你哪怕把产品说得再好,对方看到你的第一感觉是:你都这样了,你还让我吃你的保健品?所以,想让别人信什么,你首先就得是一个不折不扣的信徒,就像想让对方开心,你不能哭丧着脸;想让对方情绪高涨,你不能不温不火,都是一样的道理。

策略3:换人策略。对于做销售的朋友来说,很容易在销售过程中遇到障碍,如果该做的都做了,还是不成交,那就要考虑一下,是不是人不对的问题,换人策略可能就会转变局面。

为什么要换人呢?因为你该说的都说了,该做的也都做了,并且顾客也有需求,但他就是不做决定,那么最大的可能性,就是他对你的信任存在问题，肯定还是感觉不对，顾客可能说不出来，但他会保持抗拒的姿态。但如果换一个人，这个人刚好跟顾客特别谈得来，让他感觉更好，那可能同样一番话，顾客就更愿意听。

所以在人际交往中，除了卖东西的时候，当你劝解人或者是提建议的时候，换人策略也都是可以应用的。同样一番话，经过不一样的人说出来，给人的感觉就不一样，相信大家都有此经历。同样一番话，老爸说的不一定有老师说的管用，也是这个道理。

在说服人接受建议这种事上，有时专业的就是不如简单粗暴的；有时亲的就是不如远的；有时男的就是不如女的……总之一句话，感觉对一切都好说！就像在饭局上，你让我舒服，什么都好谈，你让我看不上你，什么都免谈！与人交往，永远离不开感性把握。

以上都是在提醒我们，**客户买的是感觉，哪怕你想让他听从你的建议，也要先让对方感觉良好。**

销售卖的是利益

客户买的是感觉，那让客户最有感觉的是什么呢？利益！

什么是利益？利益就是客户会深刻感觉到的好处。利益往往都是因人而异的，都是个性化的，所以对销售的利益呈现能力往往要求很高。

在《影响式社交》一书中，咱们在"理功"详细拆解过靠利益说服人的FAB原则，在"利功"中也讲过6种予之以利的塑造方法。相关内容本节就不再赘述，欢迎大家参考"理功"和"利功"相关内容。

销售销的是自己

销售的本质不是销售产品而是销售自己。每个人都是一张名片，你若能把自己销得很好，你代理的任何产品都有可能是畅销品；你若连自己都销不出去，你代理的任何产品都有可能是滞销品。汽车销售领域的世界吉尼斯纪录保持者乔·吉拉德，曾被誉为全世界最伟大的销售员，在被问及他的成功秘诀时，他说过这么一句话："我销的不是汽车，是自己。"

乔·吉拉德作为世界上最优秀的汽车销售员，连续12年平均每天销售6辆车，这个纪录至今无人能破。关键的是，他卖的汽车并非那些特点十分鲜明的汽车，而他能够把这类汽车卖到最好，这就是他独到的一面。他是怎么做到的呢？

1. 销售就是随时随地、不断把自己销出去

他认为，每一位销售员都应设法让更多的人知道他是干什么的，销售的是什么商品。这样，当别人需要他的商品时，就会想到他。所以，名片满天飞，是乔·吉拉德常有的动作。他总是会把握住每一刻的机会向每一个人推销自己，在餐馆就餐付账时，他要把名片夹在账单中；在热门比赛的观众席上，他把名片大把大把地抛向空中。你可能对这种做法感到奇怪。但乔·吉拉德认为，这种做法帮他做成了一笔笔生意。

他连上公交车后，都会给车上的人一人发一张名片，每次递出名片时，还会加上一句："您好，我是卖汽车的乔·吉拉德。"到站后，因为有新人上车，他有时会再发一遍，发到已经拿过他名片的人，人家会说："我刚才已经有了！"他会回应："我是卖汽车的乔·吉拉德，请笑纳，您可以把另一张送给朋友。"

他把随时随地营销自己这一招，用到了登峰造极的地步。

有一次，乔·吉拉德被邀请到台湾做讲座，大家非常兴奋，于是都去学习这个世界冠军的秘诀，这些观众入场的时候，有很多的工作人员给他们发乔·吉拉德的名片，等到他们走入会场后，大家手里已经有了十几张名片了。

讲座开始了，乔·吉拉德拿着一沓名片出来，往人群里一撒，然后告诉大家:"我的讲座到此结束,这就是我成功的秘诀。"他通过行动来告诉所有人,销售的最大秘诀就是不断地把自己销售出去。

2. 做人让人喜欢,做事让人感动

顾客来买汽车的时候,如果是男性顾客,乔·吉拉德会先了解对方抽什么烟,在他身后有一个大柜子,装有各式各样的香烟,他会递给对方其喜欢的烟,一上来就给对方留下好印象。人家抽完之后,就算不买汽车,临走时,他都会再把一整盒香烟塞进人家的口袋,别人会很不好意思,要给他钱的时候呢,他就会说:"我卖的是汽车,不是香烟,先生请笑纳,这是我的一点心意。"不仅如此,每年他都会寄出大批的贺卡和感谢信,作为回报,对方都在成为他生意的促成者。正因为他招人喜欢,所以,他常常会有回头客,并且很多顾客都愿意为他转介绍。

有一次,有一个老太太要买汽车,先去的是乔·吉拉德所在店对面的福特汽车4S店,但是福特汽车4S店的销售人员忙着跟别人签单,没空招待那个老太太,于是她闲来无事就到了乔·吉拉德所在的雪佛兰汽车店。

乔·吉拉德就跟她聊天:"您为什么想买辆汽车呀?"老太太说:"过几天是我60岁的生日,我想给自己换一辆汽车作为生日礼物。"听到这儿,乔·吉拉德出去了几分钟。一会儿这家汽车店所有的员工都走出来,为这个老太太鼓掌,其中有一个工作人员,还从背后为她推出来一个点上蜡烛的巨大的蛋糕。结果可想而知,这个老太太义无反顾地买了一辆雪佛兰汽车,因为被打动了。这就是乔·吉拉德"销的不是汽车,是自己"的最好证明!

3. 人是最可被塑造的产品

你必须把自己和产品联系在一起,因为人的价值是可以不断被塑造的。别人买你的产品,有些时候更多的是因为你这个人,你自己是最可被塑造的产品。同时你也要知道,在面对顾客的时候,你只有3分钟时间给顾客留下最好的第一印象，因为一个人没有办法第二次给人留下最好的第一印象，所以你干什么就要像什么，要把自己塑造成一个专业的人，至少要把自己打扮得干干净净、利利索索的，这样才会给别人留下一个良好的印象。

在你能赚钱的时候，我建议你至少每个季节给自己买两三套比较不错的服装。毕竟"佛靠金装，人靠衣装"。当然，还要注意基本的社交礼仪，这样的话，别人才会更愿意跟你交往，更愿意跟你合作。所以，不断地去投资自己，让自己变得更加专业，让自己变得更惹人喜欢，不断地优化强化你自己，提升自己的增值服务力，当你自己成为对别人最有价值的奖赏时，你什么东西都能销出去。

结合推功来说，推销的本质是什么？不是产品、不是服务、不是方案，也不是口碑，而是观念、感觉、利益、自己。当你掌握好这些关键点以后，你就有可能成为一个真正的说服高手。

你不要认为自己未来不会干销售，你就不需要说服力，其实全天下的人都是销售员，无不需要说服力，这辈子你至少要说服你的领导给你加薪，要说服自己的下属好好跟随自己，要说服自己的父母别光知道省钱，要说服自己的爱人一生一世只爱自己一个人……既然如此，那就好好把这两节的方法付诸实践吧。

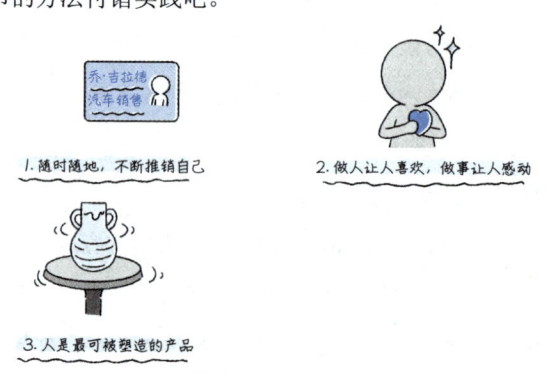

销售销的是自己

03 备功：销售前的全面准备

有一句话说得好：没有准备，就在准备着失败。在人际交往中，尤其是在销售谈判等商务场合，只有做好万全的准备，才会有备无患。

见重要的人，谈重要的事，出席重要的场合，准备的越多就会越顺利，失败的概率自然也越小。其实不管是哪个行业，很多业务流失，都是由于业务人员的准备不足所致。试想一下，如果你是一名销售员，在你见客户之前，连产品信息、方案资料都不熟悉，见了客户也不知道从何说起，甚至都到了客户要买单的时候，却还找不着签字笔、收据、刷卡机等，那么煮熟的鸭子自然会飞。

所以，我们要提升备功，在这一节里，备功指的就是销售前做全准备的功夫。

在销售之前，我们到底要做些什么准备，才有利于我们轻松顺利地与客户成交？在这一节，我从以下6个方面给大家说明销售前必要的准备工作。

销售前准备工作的6个方面

第一方面：身体精神的准备

身体要棒，精神要旺，是对一个销售人员的基本要求。 因为当客户见到你的时候，人家首先观察到的，是你这个人。之前咱们讲过，销售首先销的是自己，有精气神的人，走到哪里都招人喜欢，当你一上来就能给人留下好印象，你销售的东西也自然容易被人接受。

美国历史上的首次总统大选电视辩论，在肯尼迪和尼克松的对峙中

销售前准备工作的 6 个方面

拉开帷幕。就当时的政治影响来说，尼克松成功的可能性远远超过了肯尼迪，可是投票结果出来他却输了。肯尼迪衣冠楚楚，精神饱满，气宇轩昂，光彩照人。而尼克松由于患病初愈，面容憔悴，精神不振。他的西装好像买大了一号，再加上灰色西服被淹没在灰色的背景里，难以衬托其魅力。有趣的是，大部分听广播的选民认为尼克松会获胜，因为看不见演讲者的形象，而大部分看电视的选民则认为肯尼迪会赢。最终，尼克松因形象输给了肯尼迪。

所以，想要给人留下好的印象，我们要保证好的身体和精神状态，自己的着装、一言一行都要注意，都要讲究。为了将身体和精神状态调整得更好，建议你平常要多做深呼吸，多做有氧运动，注意营养膳食，最重要的是，保持乐观的心态，学会跟好心情交朋友，等等。总之，要保持一种积极向上的状态，让自己活出一股劲儿，让客户在喜欢上你的产品之前，先喜欢上你这个人。

第二方面：专业知识的准备

专业是让人信任的基础。如果你作为顾客，向销售员提出了一系列有关产品的问题，他竟然都答不上来，你还敢跟他买吗？我以前常常遇到极不专业的销售，我倒是不担心被他骗的问题，而是担心他是不是被别人骗了的问题,平时真的有太多这样的人为销售业蒙羞。

专业度往往能提升一个人的影响力,往往让人觉得权威、具有说服力。所以,专业知识的准备非常重要。若你对专业知识有足够的准备,不仅可以在推荐产品时有足够的把握,而且在对方有所担心时,你的专业性也会让对方感受到你对问题解决的彻底程度。

说到专业性,以家用电器为例,提到豆浆机,你比较容易想到九阳;提到微波炉,你比较容易想到格兰仕;提到冰箱,你比较容易想到海尔;提到空调,你第一时间会想到格力、美的……因为它们一直都在塑造专业形象。就连竞争激烈的手机市场,国产品牌OPPO和VIVO也因主打拍照功能,赢得了市场的青睐。同理,想检验自己是不是一个好的销售代表,是不是一个好的人际交往者,问问自己:"当客户遇到相关问题的时候,他会第一时间想到我吗?当朋友遇到某方面问题的时候,他会第一时间想到我吗?"

如果答案是否定的,那说明你还做得不够,还需要在自己所从事的领域苦练内功,提升自己的专业性,为自己打造一个标签,以让人印象深刻。今天这个社会,专家才是赢家,干一行就要像一行,要给自己一个别人鉴别你的标签。

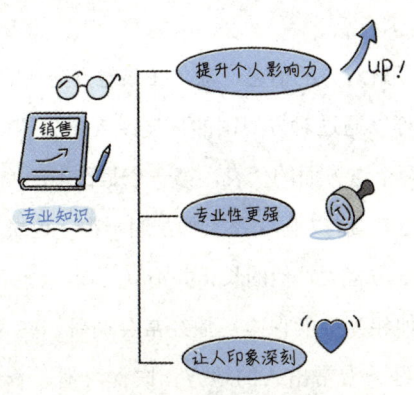

销售需要准备的专业知识

除了身体精神状态和专业知识的准备，我们还需准备非专业知识。

第三方面：非专业知识的准备

销售产品，除了要懂产品的专业知识之外，你还要懂更多的其他领域的知识，以方便你跟别人交流。交流得好，才能交易好，所以，一定要懂得多，才能触类旁通。

任何顶尖的销售人员都是见多识广的杂学家。杂学家就是除了有自己的专业性之外，还有渊博的知识。在人际交往及销售推广中，你会遇到各种各样的人，所以需要你方方面面都知道一些，才能够跟各种类型的客户去打交道。

总结起来，渊博的知识，往往是你能够跟别人继续连接、沟通下去的媒介。任何一个销售人员都应该具备水一样的特性，走到哪里就是哪里的形状，可以不断地随机应变，拥抱变化，让别人跟你相处得很舒服。

第四方面：客户信息的准备

足够地了解客户，才能够因人而异、投其所好。

如果你想成交一个大客户，而你对对方没有足够了解，你都不知道该如何去抓住对方所在意的关键点，都做不到知己知彼，谈什么因人而异？

要想足够深入了解对方的信息，除了在跟对方交往的过程中要有意识地挖掘，我们还可以通过对方周围的环境或人事去调研对方的信息。在这里给大家介绍两个这方面的代表，第一个是日本的原一平，是保险销售大王；第二个是美国的人际关系大师，叫哈维·迈凯。

原一平为什么很厉害呢？他的长相并不算英俊，只有一米五几的个头，他厉害是因为他相当会卖保险，他经常会调研一些大客户的信息，包括他们的兴趣爱好、常常出入的地方、饮食习惯、着装的风格，等等。他通过各种渠道调研并尽可能跟对方同步，跟客户一样的习惯，一样的着装风格，出现在一样的地方。由此引起对方对他的注意和兴趣，后期再跟进客户，以促成成交。你会发现，只要对对方足够了解，你就可以有的放矢，进退有度。

哈维·迈凯也是一样，曾经专门提过一个方法叫客户档案法，就是为每个值得跟进的客户建立一个详细客户档案，尽可能多地去了解对方的信息，客户背景准备得越多，你的胜算就越大，这样就基本上没有搞不定的客户。

第五方面：最佳状态的准备

状态为什么很重要？因为你的状态往往会影响对方的状态，从而起到感染和带动作用。在这方面给大家提供3个建议。

1. 心灵预演

在见客户之前为了避免自己太紧张，你可以提前做一下相关的冥想，去冥想自己受欢迎的场面，或者冥想自己过去帮助客户很有成就感的情境。你想得越逼真，就越能在见客户的现实过程中起到缓解压力、调整状态的作用，这叫心灵预演。

2. 通过外界环境的刺激来调整自己的最佳状态

怎么运用外界环境的刺激呢？比如在保险行业、直销行业或者成功学的推广现场，经常有一些群体激励的场面，不管是打动人心的视频，还是激情动感的音乐，不管是热情的集体舞，还是喊口号或者击掌的互动，都对一个人状态的调整非常有帮助，在这种积极的氛围之下，人往往会迅速被感染，变得更加自信，更加有胆量，更加积极。

人是环境的产物，当你一个人独处的时候，你很难有积极的状态，你可以找一个激励人的环境去受一下刺激，让外界环境帮自己来调整最佳状态。

3.通过改变肢体动作调整至最佳状态

要知道,人的身心是相互影响的,你的外在影响着你的内在。曾有一篇文章批判大学生在上课时睡倒一片,我觉得这样的事如果辩证地看,老师也有责任,为什么有些老师很难对学生有影响力呢?细心观察你会发现,但凡讲课让人昏昏欲睡的老师,往往都没有丰富的肢体语言和激情,不仅如此,让学生上课更感到枯燥的是,有些老师经常坐在多媒体控制台的后边,只把自己的头露出来,然后在电脑上不断地去点

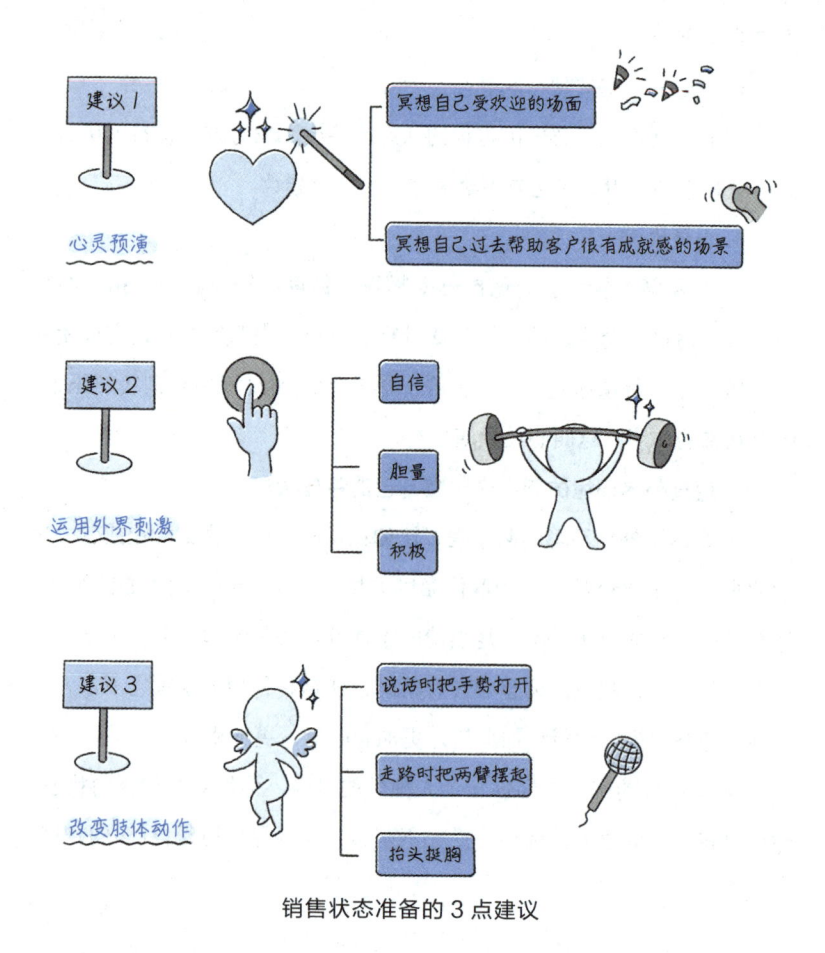

建议1 心灵预演
- 冥想自己受欢迎的场面
- 冥想自己过去帮助客户很有成就感的场景

建议2 运用外界刺激
- 自信
- 胆量
- 积极

建议3 改变肢体动作
- 说话时把手势打开
- 走路时把两臂摆起
- 抬头挺胸

销售状态准备的3点建议

击那个鼠标。这就很难带动学生上课的状态，因为老师自己的状态都不好，怎样去影响学生呢？

而每个学校都有一些相当受欢迎的老师，他们讲课时要么入木三分够深刻，要么旁征博引够博学，要么活灵活现像戏精，要么幽默风趣像段子手，这些都是外在呈现能力强的表现。很多培训师也同样具有很强的外现能力，他们经常走下舞台，走到观众中，力争把表现力丰富的肢体语言都展现在观众面前。好的讲师，不仅仅要有好口才，有时候还需要一定的演技，毕竟演讲演讲，有演有讲才会让你的课更加生动传神。当你在公众面前首先把自己打开了，才会影响观众打开心门，对方的心门打开了，对你的接受度才会更高。

所以建议大家平常多做一些打开的动作，当你的身体放开了，你的状态自然也有了。说话时把手势打开，走路时把两臂摆起，气宇轩昂、抬头挺胸，拿出你的自信，保持自己的巅峰状态。一个人经常保持好的状态，坚持的时间长了，它就会变成你自己真实自然的一面。

第六方面：成交步骤和话术的准备

无论卖什么东西，成交话术和流程都很重要。任何一个顶尖的说服高手，无不去修炼炉火纯青的产品话术。

相信在生活中，你肯定接到过给你推销房子、保险的电话，如果你是对方的目标客户，对方往往一上来的话术就能吸引你，并且不论你提出什么抗拒性问题，对方都会立刻给出相应的解决方案。那么他们如此娴熟的推销能力，是怎么练就的呢？

当然是在成百上千遍地熟悉话术的基础之上，再加上实战改进而烂熟于心了。所以，如果你还是个销售新人，你也一定要一遍遍地熟悉自己行内的沟通话术，直至表达更加自然、真实、走心，这样你才能引领客户陶醉其中。并且一定要多维度地准备话术，对于对方有可能会抗拒什么，有可能会问什么问题等，都要提前有所准备，这样你能更加应变自如，也能更加自信有状态地影响对方。

总而言之，**销售前是否准备到位，是成交的前提，**它往往决定着客户对你第一印象的好坏，以及后续是否还有继续合作的可能。希望以上 6 个方面的准备功夫，可以帮助你更顺利地成交。

04 | 寻功：寻找客户

作为销售，有时候非常苦恼，苦于自己没有足够的客户资源，也不知道该如何去快速寻找客户；有时候在目标人群中也区分不了哪些是准客户，哪些是黄金客户，哪些是劣质客户；也不知道如何区别对待不同客户，甚至有时候，在不良客户身上白白花费了不少工夫。

这就需要寻功了，寻功就是寻找分辨客户的功夫。这是销售的第一环，接下来我从 6 个方面来讲如何提升寻功。

第一方面，先跟大家聊聊寻找客户的 4W 调研。第二方面，讲一下如何寻找更多客户资源。第三方面，如何通过解密客户心中 6 把锁找到客户心中的关键点。第四方面，了解准客户的 3 个必备条件，搞清楚哪些人是你的准客户。第五方面，了解不良客户的特征，不要与不良客户恋战。第六方面，熟悉黄金客户的特质，要深刻认识到，一个黄金客户的订单至少能顶上 10 个普通客户的订单。

提升寻功的 6 重功夫

第一方面：寻找客户的 4W 调研

这 4W 分别是什么呢？是 4 个单词 Who、Why、When、Where。

Who：就是谁会买？我们在有产品的情况下，首先要搞清楚哪些人是我们产品的目标客户。

Why：为什么会买？提前去替客户想清楚购买的动机，以方便快速说服客户成交。

When：他何时会买？我们要把握好销售的关键时机，向有需求的人群强力宣传,比如礼品性行业会在节日期间疯狂宣传。

Where:搞清楚客户总出现在哪里,以方便接近、跟进甚至集中宣传。

我们在卖任何东西之前,最好提前做这4个方面的分析,让销售可以有的放矢,避免做无用功。

个体做销售时如此,企业做实地推广时同样如此。晨光文具开拓市场时,专门给学校周围的小商店免费更换带有晨光文具字样的招牌,快速地改造了30000多家门店后,晨光文具的知名度打开了,学生党们除了能在这里买到晨光的笔芯和笔,还可以买到书包、书夹、贴纸、玩具等。一般来说晨光文具店的客户以学生为主,学生经常使用文具,而且通常会在考试之前购买新文具。这就是大量的晨光文具店开在学校周围,并且在考试之前尤其是期末考试之前会大量上新的原因。

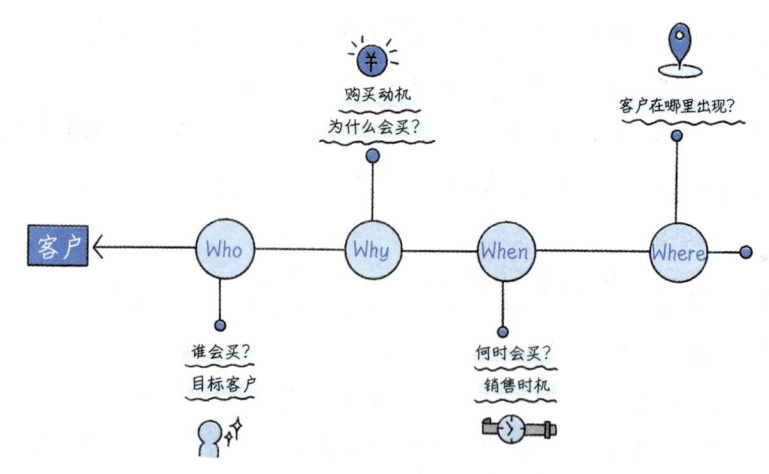

寻找客户的4W

第二方面:如何找更多客户资源

我们如何去找到更多的客户资源呢?在这里给大家提几点建议。

建议1:你可以像汽车销售大王乔·吉拉德一样随时随地发名片,

随时随地去介绍自己以及相关业务。经常走出去，经常去推广自己，让别人知道你在做什么，这点很重要。

建议2：多参加专业聚会、行业论坛、研讨会、俱乐部等，因为只有加入不一样的圈子，才能够更快地获得资源和信任，才能够跟圈子内部的人产生有效的链接和合作。只有当你是圈子里的一分子了，圈子才会给你提供信任背书和机会，所以要经常参加一些圈子的活动，借助这些机会把自己很好地推广出去，同时去挖掘别人的资源，跟别人进行相关的交换。

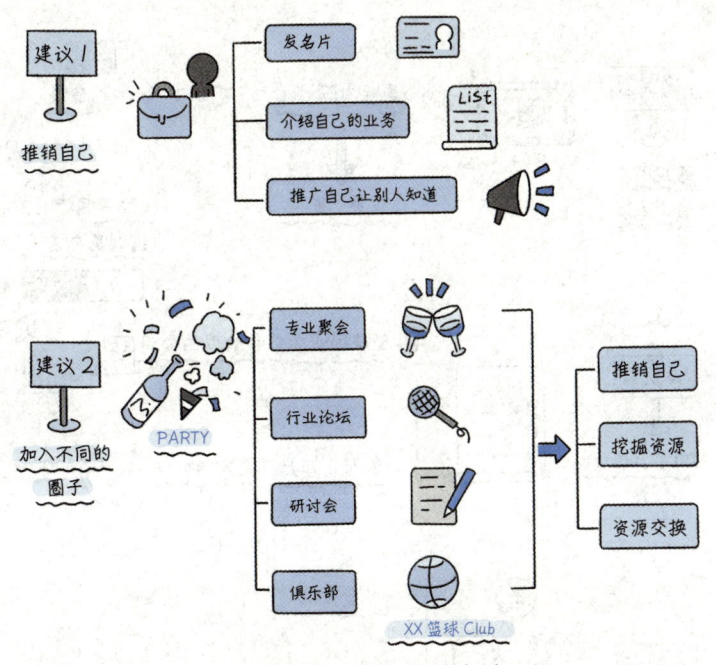

如何找到更多客户资源（1）

建议3：善用网络查询办法。很多职业人士会在商务社交平台登记自己的信息，比如说常见的领英、脉脉等，这些平台上很多人的信息对于平台会员都是开放的，可以搜索不同行业，方便找到自己的意向客户。

建议4：可以从专业的数据公司打听专业的客户信息，不过要提醒大家，就算你得到足够多的信息也千万不要打骚扰电话，而要根据实际情况恰当使用。当然，客户、朋友、亲人的转介绍实际上也是一个非常有效的方法，因为有了他们的引荐，往往能够转嫁一种信任在里面，成交率会很高。

建议5：通过网络营销、网络推广、社群运营的方式不断地吸引和培育潜在客户。

建议6：自媒体也好，传统媒体也好，都是你吸引潜在客户的平台。

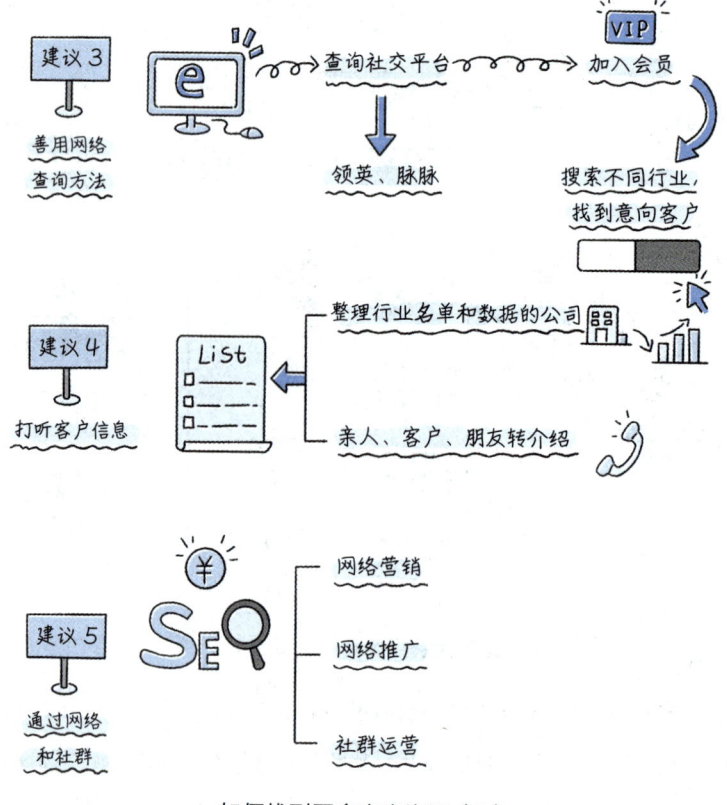

如何找到更多客户资源（2）

建议 7：这是一种事半功倍的做法，就是和第三方互换资源，找到本身有资源的人，只要你也有他所需要的，那你就可以与他进行资源交换。比如直销员和微商党、金融产品销售人员和保险类销售人员，可能就有很多资源可以共享。

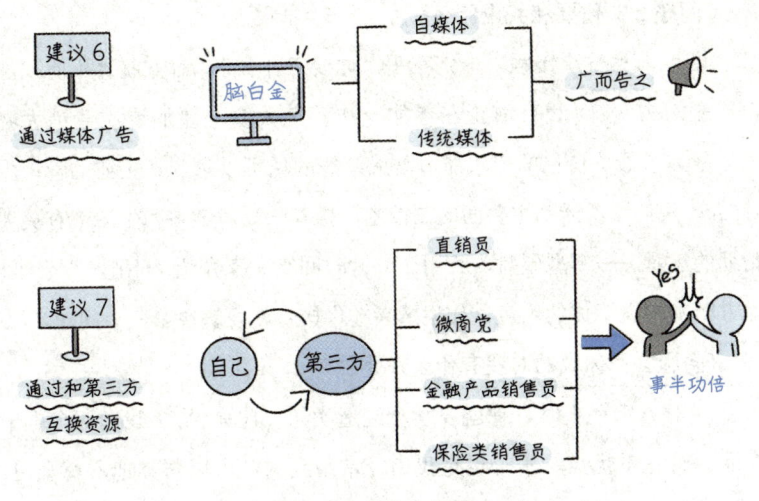

如何找到更多客户资源（3）

方法有很多，任何一种方法只要持续经营，都会给我们带来很多潜在的客户。

有了客户资源，我们该如何设计话术，才更容易打动客户呢？这就需要弄明白第三方面，搞定客户心中的 6 把锁。

第三方面：如何设计话术

不管我们卖什么产品，与大部分客户第一次接触的时候，有 6 个问题，对方即使嘴上不讲，心里也一定会想。这就是客户心中的 6 把锁。

我们以一学员在大学宿舍里推销硬盘的案例，逐一说明推广话术。

问题 1：你是谁?

为了一上来满足对方的好奇心，也为了迅速打破僵局、建立信任，你应考虑到对方的接受习惯，从而做好自我介绍的准备。比如："同学们好，我是咱们本校××学院××宿舍的一名校友（拿出自己的学生证、宿舍证），目前也是一名××活动的校园大使。"先让对方搞清楚你是谁，这是建立信赖、打开局面的第一步。

问题2：你要和我说什么？

陌生人第一次接触，一定在乎"你要干什么"，对方就算不问，你也要跟对方说："我目前正在参加一次营销大赛，参加这次营销大赛呢，是为了锻炼自己的销售能力，成绩好的话可以拿到某企业的管培生offer，我们这次活动主要面向在校生，推荐一款对学习和生活都有莫大帮助的工具——新型硬盘，我用2分钟时间给大家介绍一下吧！"好了，对方明确知道了你的用意，如果感兴趣你接着就要解决第三个问题。

问题3：你说的对我有什么好处？

当对方感兴趣时，你就要学会塑造卖点。比如说："我们这个电子产品，有三重优点。平时也是我们经常用到的，可以帮你把所有学习、生活相关资料分类储存，再也不用担心电脑磁盘损坏的风险，而且这次恰逢我们周年庆祝活动，可以给您一个优于市面价格、优于市面质量、优于市面服务的专属优惠，还可以拿到我们的附赠礼物。"

问题4：我凭什么要相信你？

信任决定一切，这是最关键的问题。一般情况下，要想解决这个问题，离不开有效的产品展示、事实见证、官方背书、可制约手续等。比如说："首先，你可以打开官方网站去核实，这次活动的产品都是官方直供，特惠期到×月×日就结束了，官方给参赛选手都提供了文件证明，并且我就是本校的同学，这是我的学生证，如果后期有任何问题，你可以直接找到我。"甚至，你可以拿出来已经购买的案例，"你看，这是已经购买了产品的同学的记录，你可以打电话问问情况，另外，我会给你一个凭证，× 天之内可以包退换，完全可以放心。"

问题 5：我为什么要跟你买？

就算对方确实有相关需求，也不一定向你买，毕竟目前各个行业都充满竞争。当对方货比三家了之后，可能就会犹豫。所以，在这个时候，就要突出你的独特优势。比如说："之所以咱们同校的更多同学只向我买，是因为我额外还可以提供一些增值服务。"或者"因为我们的差异化竞争优势是……更何况目前在咱们这个区域，这方面服务只有我提供。"

问题 6：我为什么要现在跟你买？

尤其是小客户销售，往往都是一种即时效应，是要讲究效率的。如果当下搞不定对方，往往后期也很难再去追踪到，客户的冷却是很快的。所以最后一步很关键，给对方一个立刻行动的理由。你可以跟他提，"今天若能现场确定，我可以给你把优惠留住，可以送你赠品，赠品已经不

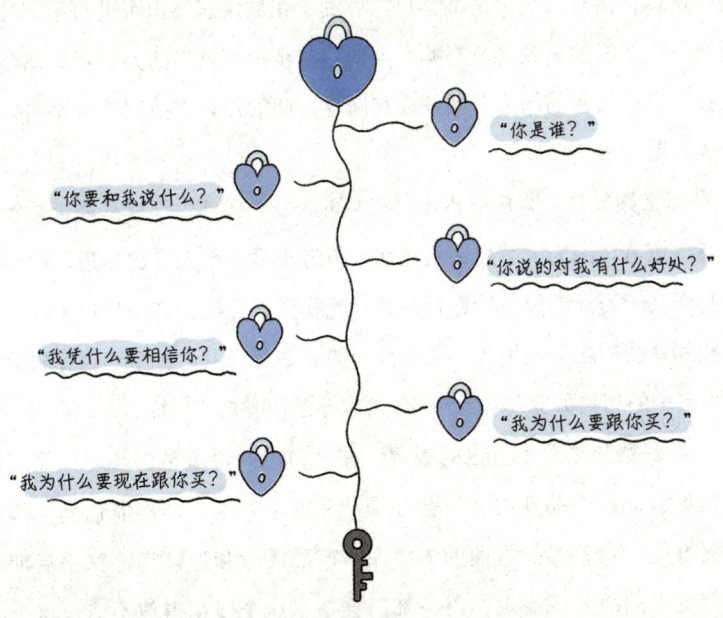

如何设计销售话术

多了""特惠时间在几点之后就结束了,到时要恢复原价""我们其他地方也在同步推进今天的活动,特惠之门随时都有可能关闭",等等。

这就是对方为什么要立刻向你买的独特理由,因为你限时限额限价限赠品限增值服务机会,你这样一说,就制造了紧迫感,对方就很可能马上做决定。

这就是客户心中永远会有的6把锁,也是我们设计成交话术时的6步说服思路,其实可以用到现实中的很多事上,比如说服面试官,搞定丈母娘,等等。

第四方面:怎么找准客户

哪些人才是我们的准客户呢?准客户有3个必备条件。

一有购买力,二有购买决策权,三有需求。这3个条件同时具备才叫准客户,哪怕有一个不具备,都不能叫作准客户。我们凭此3个条件,快速评测对方是否是准客户,有利于我们快速做出跟进决策。对任何没有决策权的,或者没有购买力的,甚至没有需求的人,我们都要有效控制自己投入的精力并做好成交向导,比如让对方找到符合这些条件的人,助力成交。

那么如果是大客户销售呢?需要再加一个条件,那就是能否接触到所有决策者。因为大客户销售往往决策者不是一个人,比如说,你要卖一整套几十万元的设备给银行系统,光找到银行的最高领导还不行,还要找到系统的相关使用者,财务部门的相关负责人,甚至还要找到他们设备维护的相关负责人,因为每一方在乎的内容都不一样。

最高领导更在乎自己的威望,在乎自己的决策是否英明,能不能让他更服众;产品使用者只会在乎产品好不好用,能不能让其工作起来更方便;设备维护方面的人更在乎产品质量和返修率,在乎后期有没有更多的故障或麻烦;财务部门会在乎这个钱花得值不值,这个事是不是一项正确的投资，以利于他作述职报告。甚至还有一种角色，就是教练，教练就是帮你穿线搭桥，想把这件事搞定了一块儿受益的人，有可能他就是对方内部的人或者跟对方很熟的第三方人士，他在乎的就是事能不能成、能有多少收益，以及他的关系是否可以进一步得到维护和扩大。

发现了吧，每一个关键决策者，在乎的内容都不一样，能否接触到所有决策者，尤其是大客户销售，对于销售者来说十分重要。

那么讲到这里，还需要大家明白一点，销售产品需要做客户分类。因为销售效率非常重要，接下来帮你认识一下不良客户的7种特质和黄金客户的7种特质。

第五方面：不良客户的特质

不良客户的7种特质提醒我们，对于不良客户，我们可以去跟他们打交道，但是不用太过恋战，尤其是小客户。销售毕竟是一个追求效率的工作，同样的时间你可以花在黄金客户身上，把握住机会成本，最终效果就不一样了。

● 不良客户是不用恋战的，所以不良客户的7种特质，你一定要了解。

（1）凡事持反对态度。
（2）很难向他展示产品或者服务的价值。
（3）即使成交了，也只能是一桩小生意。
（4）没有后续的销售机会，他跟你之间可能就是一锤子买卖。
（5）没有做产品见证和推荐的价值，甚至有可能是负面见证。
（6）他的生意做得很不好，财务吃紧。
（7）客户所在地点离你太远，这样服务成本和机会成本会较高。

第六方面：黄金客户的特质

● 哪些人才是我们需要多花心思的黄金客户呢？黄金客户也有 7 方面特质。

（1）对你的产品或服务有迫切的需求，需求越迫切，也就意味着你能卖出去的可能性越大。

（2）跟你们有直接的成本效益关系，最好可计算。比如他跟你们本身是密不可分的利益共同体，有联动效应。

（3）对你的行业产品或服务是持肯定态度的。

（4）有给你大订单的可能。这种大客户，一定要多花心思，因为一个大订单有可能顶得上十几个小订单。

（5）是影响力的核心或权力中心。做事抓重点，擒贼先擒王，我们先抓住了关键人物，那么关键人物给你推荐他们周围人的价值就非常大，可以极大降低你未来开发客户的成本。

（6）财务稳健，付款迅速。就是有实力、机制灵活、拨款非

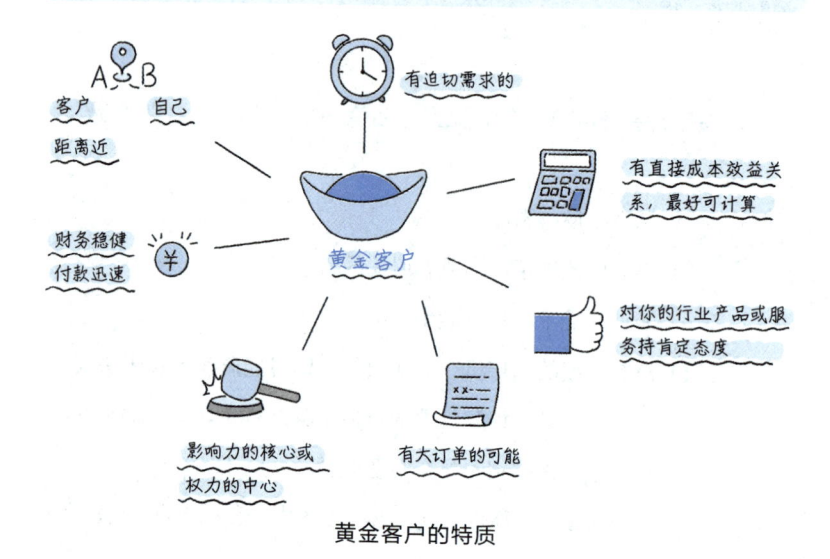

黄金客户的特质

常快速，这样就可以更快地完成成交动作，也可以更快地盘活你的现金流。

（7）客户的办公室或者住地离你不远，方便你来服务，降低你的服务成本。

有了这7个方面提示，你就知道，现实生活中我们做任何事情都要学会抓重点、抓关键，不是简单的势利眼，而是把时间精力进行更合理的分配，才会更有效果。

作为一名销售者，如果寻找不到更多客源，就提高不了销量，提高不了销量，收入就会受限。因此寻功对于销售者来说，重要性不言而喻。跟其他没有掌握销售技巧的销售者比起来，学习完本节内容的你，至少具备了赢得更多客户和订单的开源实力。

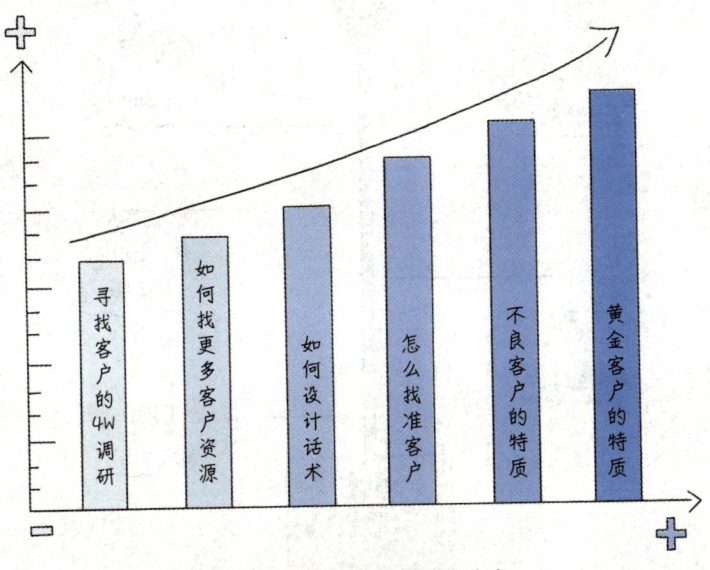

寻找客户的4W调研 | 如何找更多客户资源 | 如何设计话术 | 怎么找准客户 | 不良客户的特质 | 黄金客户的特质

提升寻找客户能力的6重功夫

05 | 信功：速建信赖

众所周知，人与人之间的交往，如果没有信赖感，很难实现合作交易。所以，如何建立信赖感，几乎成为我们每个人跟人交往必须要具备的一种功夫。在销售领域里有一个普遍的共识，即销售任何产品给顾客，80%以上的时间是与顾客建立信赖感。

在这一节里，我把快速建立信赖感的5把金钥匙送给大家，以帮助大家有效改善别人对你的印象，彼此快速建立信赖感。这就是信功。

这5把金钥匙分别是什么呢？

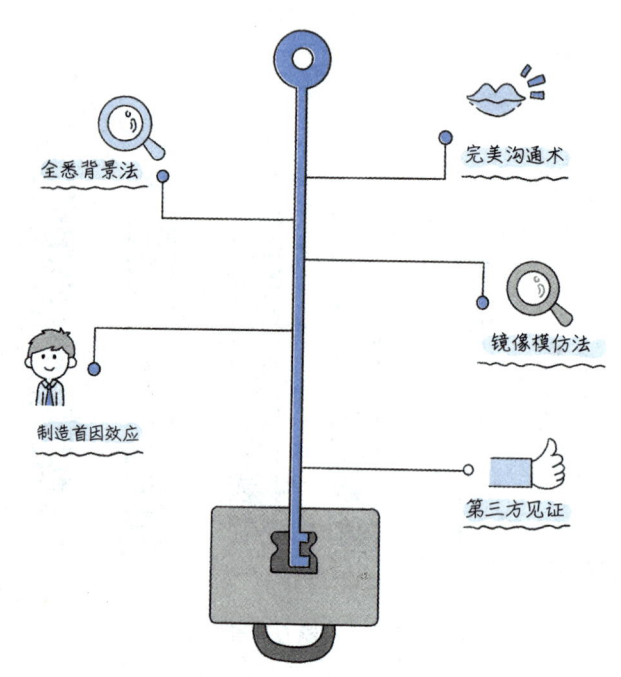

快速建立客户信赖的5把金钥匙

快速建立信赖感的 5 把金钥匙

第一把金钥匙：完美沟通术

我们本套书中讲到的问功、听功、垫功、赞功、控功、导功等，其实都是完美沟通术的技巧。只要你很会跟人沟通交际，通过你的沟通能力，让别人觉得很舒服，产生好的感觉，你就很容易收获人心，让别人对你产生信赖感。

人与人之间的交往，其实就是感觉对路了，信赖感也就有了。 通过有效沟通，对方跟你相处很融洽、很默契，对方自然就会敞开心扉，变得真诚和值得信任。相信大家只要愿意回顾练习之前讲的沟通功夫，一定会轻松把握这把速建信任的金钥匙。

第二把金钥匙：全悉背景法

全悉，就是全面了解的意思，需要我们尽可能全面地了解对方的背景。因为我们对对方的背景了解得越多，就越容易与对方互动，能够更好地去主导话题并与对方产生共鸣，也能够给对方说中心思的感觉，给对方一种你理解他、你懂他的感觉。

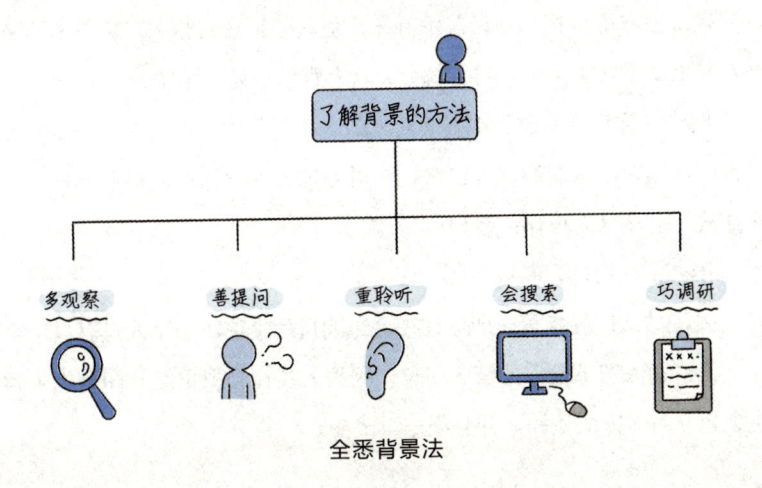

了解背景的方法：多观察、善提问、重聆听、会搜索、巧调研

全悉背景法

与人打交道，知彼最重要。懂对方的喜怒哀乐，才知道对方的情绪变化。知道对方缺什么要什么，才能急人之所急，需人之所需。所以，我们要多观察、善提问、重聆听、会搜索、巧调研，全面了解对方，以便迅速建立信赖感。相关的应用方法在本套书中的不少章节中也有讲到，可多加参考，做到灵活运用。

对对方背景了解越多，越容易制造一拍即合、相见恨晚的信任。即使不是在销售，在求职中这一点同样非常关键，我们看《职来职往》《非你莫属》等一些求职类节目的时候，会发现有些选手目标很明确，提前就下定决心进某家公司，然后就会做大量的功课去了解这家公司，这些选手往往能一跟老板交流就让人喜欢，也往往能走到最后，应聘成功。

第三把金钥匙：镜像模仿法

我们每个人都喜欢自己，也喜欢跟自己相似的人。镜像模仿法，就是提醒我们要表现出跟对方的相似性，从而建立信任。

为了让对方感觉你跟他相似，你要注意一个原则：同向模拟，逆向镜像。意思就是，若跟对方坐在或站在相同方向，你可以同步模拟对方的肢体动作；若跟对方坐在或站在相对方向，你可以像对方镜子里的自己那样，他右手持杯，你可左手持杯；他左腿搭在右腿上，你可右腿搭在左腿上。不知不觉中，对方就会喜欢上跟你相处的感觉。

同时，你还要有意识地发现对方的兴趣爱好或习惯，然后在跟对方聊天的过程中争取能够表现出来，让对方觉得你就像他的知音一样，一见如故，自然容易跟你亲近！

第四把金钥匙：制造首因效应

首因效应就是指第一印象往往会影响日后交往。一个人没有办法第二次再给别人留下最好的第一印象，因为人往往会根据第一印象先入为主地建立对对方的认知，并且很难再改变。

所以，我们该如何给对方留下最好的第一印象，让对方从一开始就比较容易接受我们，并且可持续性地对我们以后的交往产生好的影响？在这里跟大家提两个方面的应用。

1. 印象装饰

我们要想给对方留下深刻的印象，首先要把自己当作商品一样，进行有效的包装。该怎么包装呢？我们应重点在下面4个方面下功夫。

（1）<u>身份角色</u>：相较于要交往的对象，你是以什么身份角色出现，搞清楚了再按对方能接受的方式装饰自己，身份角色是什么就要像什么，这样才能一上来就给人好感。

（2）<u>应时应景</u>：我们穿衣打扮一定要关注时机和场合，应时应景才容易让人接受。

比如在下班之后的聚会上，你不宜再穿正装制服，但在职业场合，你又不能穿着太随意，所以要根据场合进行穿搭，拉近别人跟你的距离感。

（3）<u>得体协调</u>：一个人着装打扮得体协调、够讲究、有分寸，便往往能让别人联想到这是一个靠谱的人。有没有见过"运动裤配皮鞋""西裤配运动鞋"的现象？如果这种人要跟你谈合作，你会作何感想？

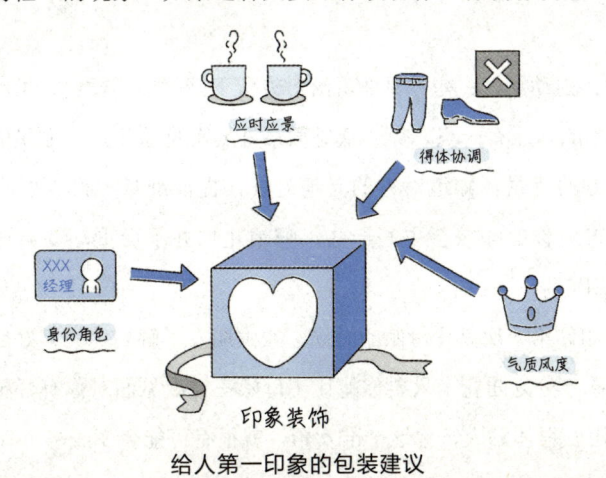

给人第一印象的包装建议

(4) 气质风度： 形象中最重要的就是这个，你要有自己的气质风度，言谈举止要有一套自己的个性化风格，坦诚又有才气，才会让别人对你产生好感。

2. 气氛营造

想发挥好首因效应，也离不开气氛营造。气氛营造包含以下 4 点。

(1) 环境适宜： 一定要选择利于展示自我的环境。

比如你第一次跟一个女孩子约会，约在一个嘈杂的食堂，或者在大街上，那样就会很影响对方对你的印象，因为对方的注意力很难集中在你的身上，你也很难去完整、有效地展示自我，所以环境的选择要适宜，要利于展示自我。

(2) 放松协调： 你想让对方对你有好的感觉，你自己首先要展示出比较好的感觉，自己放松对方才会放松。你越拘束、越严肃、越紧张，对方也会越拘束、越严肃、越紧张，整个氛围就会比较尴尬。

放松很重要，给你一个小方法，可以在见对方之前把对方想象成你很好的老朋友，不把对方当外人，潜意识里给自己一种暗示，对方是我故交，你们之间已经很熟了，这样你跟对方在一起的时候才会比较放松。

(3) 主动示好： 想一见面就给对方留下好印象，微笑、主动打招呼是少不了的，还有一点，第一次见面最好要有见面礼，你如果能够提前了解对方的背景，知道对方的兴趣爱好，提前准备一份见面礼，这样的话对方对你的印象会更好一些，哪怕礼物并不贵重，都会让人感受到你的用心。

比如你第一次见丈母娘的时候，跟女朋友了解到她的喜好后，便可以提前备一份见面礼。只要你能让丈母娘在初次见面对你有好感，又觉得你很用心很体贴人，你这个准女婿，就很有可能会变成一个真女婿。

（4）同步同调： 能在言谈举止、聊天节奏、价值观等方面表现出跟对方的同节奏和相似性，往往会提升对方的好感度和信任感。所以我们要善于观察，从而同步应对。比如：要善于发现对方的节奏是快还是慢，从而表现出同步的节奏感。

视觉型主导的人往往节奏感比较快，听觉型主导的人往往节奏感适中，感觉型主导的人往往节奏感比较慢。当你看懂了对方的节奏感，你就可以反推对方的主导感官，在说话用词上，就可以有所侧重地多用一些视觉型、听觉型或感觉型语言，对方自然会因你的同步同调而喜欢你。

但是在同步同调上，还要跟大家提醒3个关键词。

自然： 同步对方一定要自然，不要太过明显，让人一眼就看出你在刻意模仿就不好了。

适度： 千万不要表现得太过分，适当表现就可以了，否则便是过犹不及。

差异： 同步同调不是完全模仿，而是要有一定差异。有适当的差异，才会让人感到真实。不要和对方完全同步，如果对方在你旁边，常常夹腿坐，你也夹腿坐，对方用右手拿起水杯，你也马上用右手拿起水杯，如此一来，就会让对方觉得不对劲。

如果你能把以上所述都做好，首因效应就会非常有效地发挥作用，让对方跟你之间的信赖感可以更进一步。当然了，有些时候交流上也是一样，如果你看对方是一个年轻活泼、喜欢用流行语的人，你就用流行语跟对方打招呼，便可以迅速建立你们之间的信赖感；如果对方是你的老乡，你可以用老家话和对方打声招呼，这样立刻亲切感十足。这就是用好首因效应的作用。

环境适宜

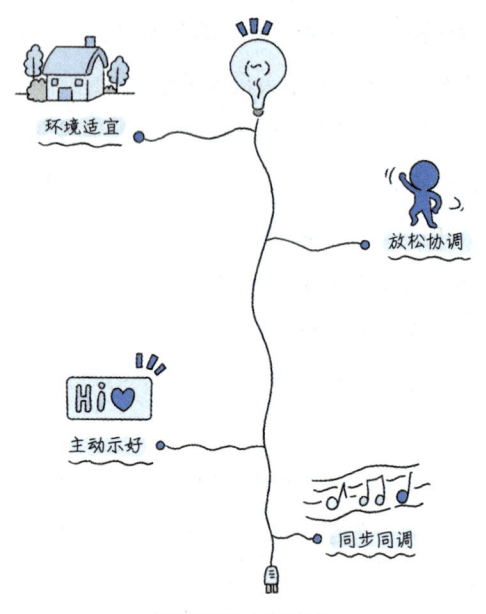

放松协调

主动示好

同步同调

气氛营造出好印象

第五把金钥匙：第三方见证

增加信赖感最重要的一种方式，就是第三方见证。"王婆卖瓜，自卖自夸"的方式很难有信服力，自夸一百句都不一定比得过客户夸一句效果好。所以，要想让人信服，就要有足够多具有权威和有公信力的客户作第三方见证。

我们要养成拿第三方见证说话的思维，那么到底我们拿哪些第三方的见证说话，才能增加信任呢？下面8条，都是你可以拿来见证，以快速建立信赖感的。

建议1：老客户现身说法。人们往往比较信任跟自己一样角色、一样立场的人的言论，所以，跟消费者站在同一立场的消费者能说你好，就会提升你的可信度。老客户与新客户在立场上是一样的，又因为有过产品体验，若他们能现身说法，往往最有说服力。

建议 2：事实前后对比。如果你能通过一些图文或视频的形式来展示客户用你产品前后的效果对比，往往具有较强的视觉冲击力，是很令人信服的。尤其是瘦身、美白、祛痘类产品，拿出来顾客使用以前和使用之后的效果图片，这种对比就非常明显，能起到很好的见证效果。其实很多行业都可以采用此法来增强信任。比如：教书法、教作文、教技术，哪怕是教口才等教育类行业，也可以通过视频或图文的形式，展现教学前后的作品差异，以突出教学效果。

建议 3：相关统计信息公开。比如过去积累的大量的客户信息，以及收集到的客户给予的好评信息，数量越多、好评率越高就越容易建立信赖，因为你已经比较公众化了！相信大家有网购经验的都能认识到销量以及好评的价值，大量统计数字本身就是一个影响力武器。

建议 4：客户名单可查。如果新客户还是犹豫，还是担心，不妨大方地让他在你的客户名单中挑选客户进行现场核实。你若能拿出来反映真实信息的客户名单，这种不怕被考验的态度，会给对方足够的信赖感。

建议 5：从业资质和荣誉证书证明。比如你们得到官方审批的、正规的营业文件，以及获得的官方荣誉证明，或者大型赛事或评选活动的奖励证书，这些都是能够增加信赖感的证明，有官方的备案，就会更有信赖感！

建议 6：财务成就展示。比如说你自己本身事业做得非常大，成绩非常好，有足够的经济实力，该突出就突出。为什么要展示财务成就？因为财务成就会给对方一种印象，你不至于因为这一单小买卖而毁了自己的名声，让对方意识到你这么有实力不至于去骗人。就像对方若知道你是公司连续销售冠军的话，他会觉得你不至于骗他这样一个小客户。

建议 7：名人、熟人、媒体、权威组织等见证。很多品牌要找名人做代言做广告，就是因为名人有公信力的效应，他们身上的光环，让人更容易相信。

熟人也是一样，若对方的熟人都在用你的产品，他往往更容易相信你。还可利用自己身边的熟人为对方证明，就是如果你让你周围的熟人都用你推荐的产品的话，便可说明这产品没什么坏处，否则会伤了你自己的人际关系。

同时，媒体、权威组织的见证也很重要，为什么有些企业会联合媒体及权威组织一起搞活动？因为媒体及权威组织代表了公众舆论、社会口碑的力量，具备较强的公信力，是可以帮助你建立信赖感的见证者。

建议8：客户及评价统计。你的客户总数越多越能体现出你的东西受欢迎，越能体现出你的东西没有问题，尤其是你短时间内，竟然服务了很多客户，同时获得了非常不错的评价，就更代表你的东西质量不错。

这些都是第三方见证非常实用的建议，你一定要认真领会，并仔细琢磨你的产品如何通过8个方面找见证。因为见证是建立信赖感的最有效的方法之一。只要人与人之间有了信赖感，成交只是时间问题，所以在信赖感的建立上，我们怎么强调都不过分。

06 察功：洞察需求

"急人之所急，需人之所需，这才是真正做生意……"一句《商人计》的歌词，道出了商人交易之道。一个人无论处在哪个行业，想让交易更顺利，就要洞察对方有什么样的需求，洞察对方有什么样的问题。洞察到位，方能行动到位。

为了帮助大家在这方面有所提高，我们从以下 5 个方面跟大家进行分析。

洞察需求的 5 项功夫

第一方面：洞察需求的要领

如果对方没有需求，那就很难产生交易。在找需求之前可以先找到对方的问题，对方认识到问题，自然会有需求。对方的问题有多大，解决问题的动力就有多大。

高考辅导班或者考研培训班为什么那么赚钱，其实就是站在家长和学生的角度：想考个好成绩，又怕考不过。问题又大又急，所以才舍得花那么多钱去报培训班。

客户想要解决问题的着急程度，决定了他跟你交易的速度。

- 你首先需要记住以下 4 句要领。
  （1）没有需求，就没有交易。
  （2）没有问题，就没有需求。
  （3）小问题不行，必须找大问题。
  （4）问题有多急，利益就会有多大。

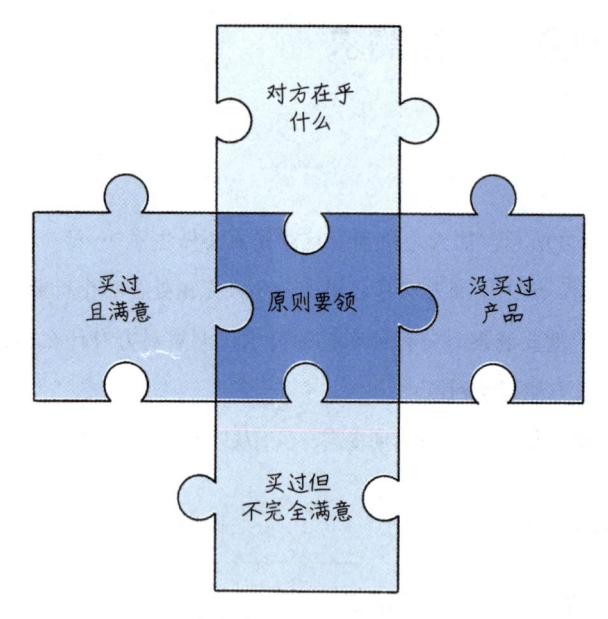

```
         ┌─────────┐
         │ 对方在乎 │
         │   什么   │
         └─────────┘
┌─────────┬─────────┬─────────┐
│ 买过    │ 原则要领 │ 没买过  │
│ 且满意  │         │ 产品    │
└─────────┴─────────┴─────────┘
         ┌─────────┐
         │ 买过但  │
         │ 不完全满意│
         └─────────┘
```

洞察客户需求的 5 项基本功

第二方面：对于没买过的人，如何洞察需求

对于没有买过此类产品的人，该怎么洞察需求呢？有以下 6 步话术模板方便你去设计。

第 1 步：讲一个不可抗拒的事实

假如今天你向我推销一个保温杯，假设之前我是没有买过保温杯的，你就需要先讲一个不可抗拒的事实："我们都知道，讲师是一份经常说话的职业，非常费口舌。"一般一上来都是这样的口吻，"我们都知道"或者"众所周知"等，然后加上事实的内容。

第 2 步：讲这个事实常引起怎样的问题

你可以说："据我了解，经常讲课的讲师，由于用嗓子比较多，讲课时间长，嗓子经常会疼、沙哑，甚至会留下不同程度的后遗症，严重的会产生病变。"通过客观事实引起问题，来吸引对方的注意。

第3步：问对方是怎么解决这种问题的

你可以问我："卢老师，那您身为讲师，在这方面是否采取了什么措施？"然后我就会说出自己的解决方案。比如："有时候我会喝矿泉水润润嗓子，有些时候工作人员也会给我泡茶。"

第4步：开放式地去提问

"这样解决，你觉得有什么样的问题呢？"让对方自己说出来。放到案例中就是："卢老师，长期在演讲中总是喝矿泉水的话，您感觉有可能会引起您哪些新的问题呢？"我可能会说"有时不太方便，而且矿泉水是凉的，也会对嗓子造成破坏"等。

第5步：加深问题

你可以这样说："长此以往，对嗓子的破坏有可能是不可逆的，我听过很多跟您一样热爱演讲的前辈，因在这方面不注意，导致了××后遗症或并发症，您如果再不重视调整，您的嗓子很有可能也会留下病根儿，甚至可能造成您再也讲不了课了。您这么热爱演讲的人，您能想象不能再做分享将会是怎样的人生吗？"你可以根据这个思维逻辑做一些相关的延展，虽然现实生活中我们可能不会完全按照这种标准去讲话，但这至少是给大家提供了思路。

当对方也承认存在问题后，便进入到第6步。

第6步：要许可

你可以这样说："卢老师，假如我有一个办法可以帮您轻松解决您的这些问题，让您省去刚才提到的一切顾虑和担忧，您愿意给我一分钟介绍一下吗？"到这时候对方就会很情愿听你的方案建议了。这个时候你就可以引出你的保温杯的属性、优点、利益！

上面6步，讲述的是针对没有买过产品的人如何洞察需求。

针对买过此类产品，但不太满意的客户，该怎么挖掘需求呢？

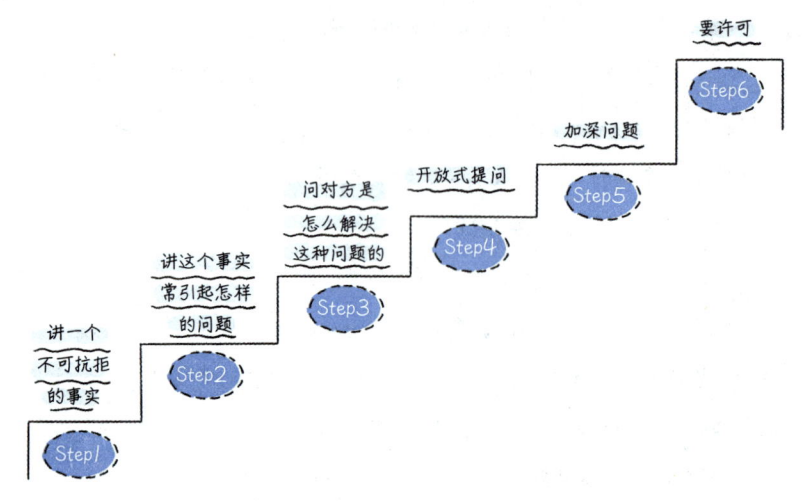

洞察客户需求的6步话术

第三方面：对于买过但不太满意的人，如何洞察需求

● 如果对方买过这个产品，但是这个产品不见得是完美的，多多少少某个方面不能让对方百分之百满意，针对这种情况，具体的说服思路也是有6步。

（1）询问对方：现在你用的是哪个品牌的产品呢？

（2）询问对方：你喜欢它哪几点呢？

（3）询问对方：你为什么喜欢这几点呢？

（4）转移引导：你还希望这款产品能有哪些改进呢？

（5）询问对方：为什么这些改进对您这么重要呢？

（6）要许可：假如我能够帮您完成这些改进，您愿意给我一个机会介绍一下我的新方案吗？

这就是对买过此类产品，但并不完全满意的人怎么洞察需求的6步话术模板。这些思维角度如果你能运用到炉火纯青，完全可以套用到其他问题的解决上。你有没有想过同样的话术模板,用在追女孩子上是什么感觉?思维方法和模式是可以迁移的,不妨去试着练习一下。

第四方面:对于买过且满意的人,如何洞察需求

● 对买过这类产品还挺满意的人,该怎么洞察需求?同样也是6步。

(1)用了多久啦?

(2)之前您用的是什么牌子?

(3)为什么后来改用这个牌子了?

(4)换品牌后,您想得到的您都得到了吗?

(5)您确定您都得到了吗?

(6)既然当初的更换品牌让您得到了诸多好处,同样的机会今天摆在您面前,您为什么不给自己一个机会了解一下呢?(然后开始要许可)如果今天,我能够让您再次做一个明智的决定,您愿意了解一下吗?

这就是针对买过此类产品还挺满意的人怎么洞察需求。

讲完上述3个相关的思路,不知道大家有没有发现,针对不同的人,洞察需求的方法一定有所不同,并且我们说话思路的重点都有所不同。

比如针对没有买过此类产品的人,我们重点强调什么呢?强调问题,放大问题,只要你想找问题,一定能找出来。

对买过这类产品但不满意的人,我们重点在哪里呢?强调改进,即"你还希望改进什么",相当于:你现有的这个产品,肯定是没有做到位,没有完全满足你,如果我能满足你的话,你愿意给我个机会吗?

对买过此类产品还挺满意的人,我们要重点强调什么?要重点强调改变,就是"你现在对这个产品虽然挺满意,但一定是源于你曾经做出的改变，曾经做出了大胆尝试和改变，你才得以满意。如果同样的机会摆在你面前，可以让你得到更满意的解决方案，那你愿意给自己一个机会去了解吗？"这叫强调改变，强调改变后获得的好处。

可见，这就是针对不同的人挖掘需求要有不同的方法。

第五方面：如何洞察对方在乎什么

如何洞察到客户心中真正在乎的事？我们跟对方交流的过程中，刚开始可能就是聊一些不相关的家常或者天南海北的事情，那么如何通过闲聊去发现对方真正在乎的事情，然后在对方在乎的问题上下功夫呢？我们可以重点从以下3个方面入手：问、听、看。

1. 多问

首先，我们要多问，尤其是在我们可以聊的常规方向上，比如说，在家庭、事业、兴趣、理想等比较轻松的话题上，可以多问一些开放式问题。在多问的过程中我们就能掌握到很多信息，从而有了多听多看的机会，方便洞察对方的外在表现和内心变化，从而推断对方真正在意的领域。

2. 多听

多听，问完了之后在听别人阐述的过程中，你要有所察觉，对方总谈论的，或总重复唠叨的一些事，一定是对方比较在意的。此外，对方语调变化的地方、吞吞吐吐的地方，往往也是对方比较在意的地方，要么是问题所在，要么是需求所在，所以要注意通过听去洞察。

3. 多看

看对方的眼神变化，看对方的微表情变化，看对方的身体语言变化，除了对对方变化的观察，有些时候你还要看一些不变的地方，比如说他屋里的摆设、他电脑的屏保图、他手机的壁纸，是不是能观察到一些有特殊意义的人和事，等等。

同时，你问完话后注意看对方的第一反应，第一反应往往是对方心理活动的条件反射，这样的条件反射很大程度上源于他对对话内容的在意，这可以让你发现关键信息，以方便你去推测对方真正在意的是什么。

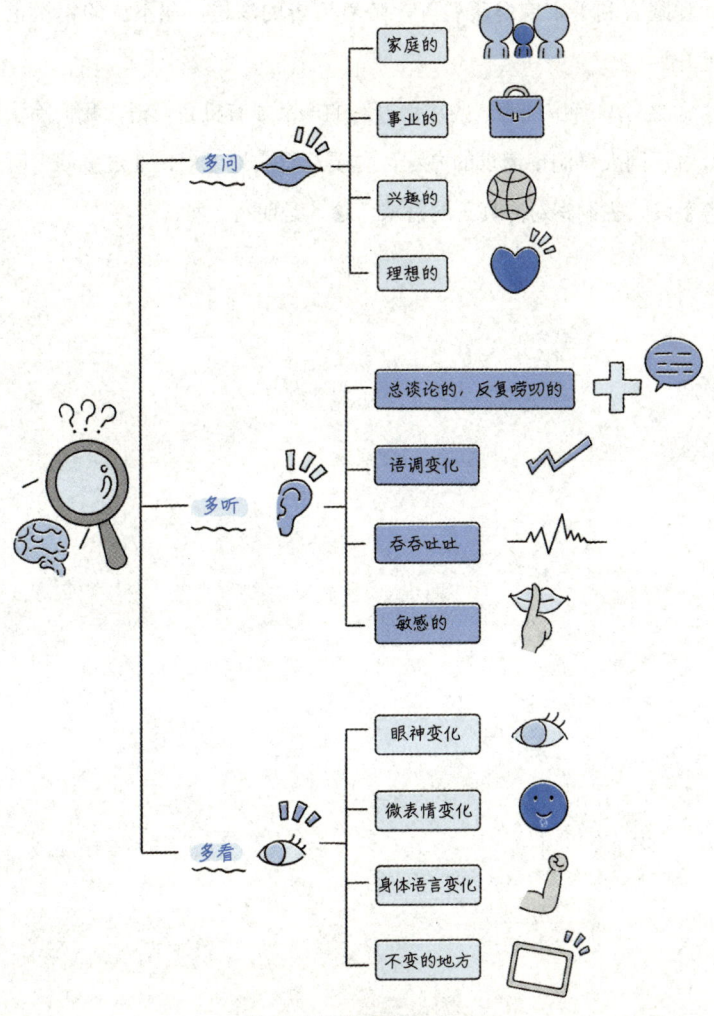

多问：
- 家庭的
- 事业的
- 兴趣的
- 理想的

多听：
- 总谈论的，反复唠叨的
- 语调变化
- 吞吞吐吐
- 敏感的

多看：
- 眼神变化
- 微表情变化
- 身体语言变化
- 不变的地方

从 3 方面入手洞察需求

某品牌尿不湿最初的广告语是"用尿不湿，节省年轻妈妈洗尿布的时间。"结果产品销量一般，经过对大批宝妈用户的调研之后，该品牌发现了问题的症结：大部分年轻妈妈更在意的是宝宝，而不是自己的时间，所以他们之后的广告语变成了"用尿不湿可以让宝宝持续睡眠，持续睡眠有利于宝宝健康"等，随着广告的渗透，尿不湿的销量也有所提升。

　　总之，只有围绕客户需求而打磨的产品才有机会畅销，我们除了要有针对不同人群洞察需求的办法，更要注重实地考察，通过多问多听多看等手段，去洞察对方真正的需求，这才是明智之举。

CHAPTER 2

第二篇

解决如何快速成交的问题

07 | 塑功：塑造产品价值

"值不值？"——向来是成交前客户必然要考虑的问题。

在前文的"卖功"中我们讲过，客户买的是什么呢？买的是感觉，当人们感觉眼前的产品很值的时候，自然会买。那怎么才能让人感觉到很值呢？这就需要我们学会塑造价值。

价值是被塑造出来的！价值是一种抽象的概念，需要塑造出来并被人们感知，才会促进成交。如果任何东西都不需要去塑造价值，一目了然就可以了解它的价值，那么就不需要销售、广告、文案、包装设计、品牌策划等商业行为了。

塑功，就是你在销售自己的产品、推荐自己的建议、表达自己的想法时的一种价值塑造功夫。 没有价值塑造的铺垫，就很难让人重视并觉得值得。同一款产品，往往因价值塑造程度不同而销量不同，同一个人、同一件事，往往因价值塑造能力不同，而影响力不同。

所以，我们不得不掌握塑造价值的功夫。

为了帮大家学到这一项能力，首先带大家认识一下价值和价格的不同表述方式。

价值和价格的不同表述方式

首先，我们要记住一个规律，**我们卖任何东西，要塑造价值，不要纠缠价格**。我们是基于有价值的东西，才跟客户发生关系的，所以，即使客户拿价格来挑剔，我们也应该围绕着价值来塑造产品，让对方不攻自破。总之，在价格上不必费太多口舌，只要价值足够，让对方觉得已经非常超值，那么对方一定不会在乎眼前的价格。

如果银行推出一款理财产品，你投入1万元，等两年后，就可以取出5万元，那么我相信没有人会觉得不好，就算大家手上穷到连1万元都没有，哪怕借钱都有人会去买的，因为有5倍回报，超值啊！同理，你若能让你的客户认识到，他买你的产品、服务，相当于一倍投入，多倍价值，那他肯定也不会犹豫。这就提醒我们，只要价值到位，就可以让对方付出行动，价格根本不是问题。

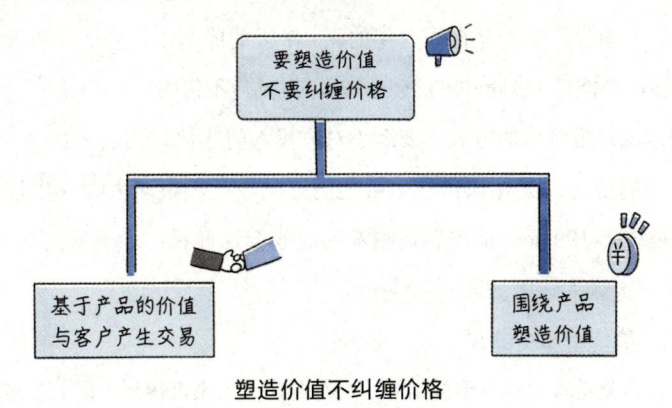

塑造价值不纠缠价格

那价值和价格到底有什么区别呢？在价格表述、价值塑造、代价塑造上，我分别给大家提炼了几个重要关键词。

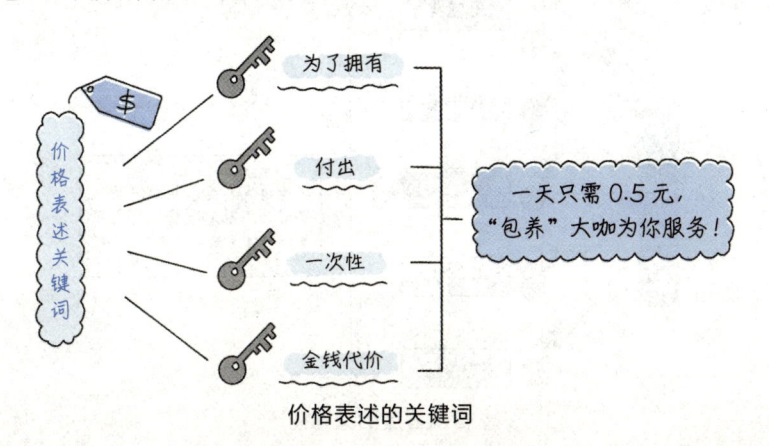

价格表述的关键词

1. 价格表述关键词

价格就是客户为拥有当前产品所付出的一次性的金钱代价。我们把这句话拆解成关键词就是：为了拥有、付出、一次性、金钱代价。

实战话术：

卖产品时，针对价格可以这样说：您只需要一次性投入一点点资金，以后就可以收获长期的……，并且这点投入呢，若分解到一年365天，相当于1天您投入的成本只有几分钱，更何况咱们产品寿命不止1年，保守地说，咱们坚持用几年的话，1天的成本才几分钱。每天投资几分钱，却能换来您长久的……好处，您觉得不值吗？

这就是说价格的方式，要缩小对方投入的感觉。

举例说明：某知识付费平台上的订阅专栏，很多大咖的栏目订阅费用是一年199元，而平台在推荐的时候会这样说：一天只需0.5元，"包养"大咖为你服务。

2. 价值塑造关键词

价值就是客户能够感觉到的，拥有此产品未来可得到长期的多重的利益。关键词就是：感觉到、拥有后、未来可得到、长期性、多重利益。

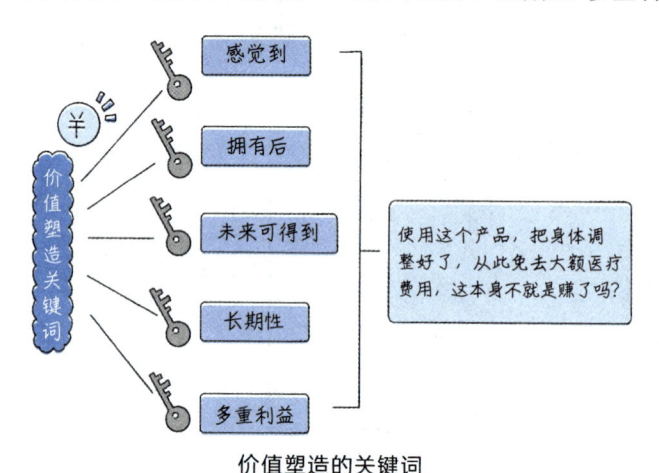

价值塑造的关键词

实战话术：

拿卖保健品举例，就是让对方感觉到，用上此产品进而拥有了健康后，可以带来的长年多重利益：您通过这个产品，把身体调整好了，从此免去大额医疗费用，这本身不就是赚了吗？再说了，因为有了这些身体改观，您每天可以多做多少工作？一年又能多做多少工作？能多创造多少价值，多赚多少钱？那 50 年呢，又是多少？除了您在工作上创造的那些价值、多赚的那些钱之外，您的家庭，因为您的身体健康之后，会不会也变得更加和谐？您因此而能有更多时间陪家人去户外活动、去旅游、去度假，而不是一直让他们陪您在病床上度过。您说因此带来的家庭温暖、和谐和睦，用多少钱能换来？

3. 代价塑造关键词

从反面去塑造价值，就是让客户感觉到失去此产品后，未来会付出的长期多重代价。提炼出关键词就是：感觉到、失去后、会付出、长期、多重、代价。

实战话术：

还拿卖保健品举例，通过代价塑造的方式去说保健品的价值，就是让对方认识到：如果因这一点点金钱代价而错过这个机会，未来会付出更大代价。比如：若不做预防，长此以往，就会出现……的症状，严重的还会有……并发症，甚至还有……的危险。而没了健康之后，您一定会陷入长年多重的痛苦。比如，未来身体不行之后住进医院，估计一次手术费就得花您……万，并且后期不断跟进的医药费又得花您多少钱？一年的医药费要花您多少钱，如果需要几十年呢，您的积蓄会不会在遇到大病时显得杯水车薪？并且病后不能再工作了，您一年少赚多少钱，十年少赚多少钱？您若影响到家人又会造成怎样的后果？您的至亲至爱会因此陷入多大的痛苦？难道这些都是您愿意看到的吗？

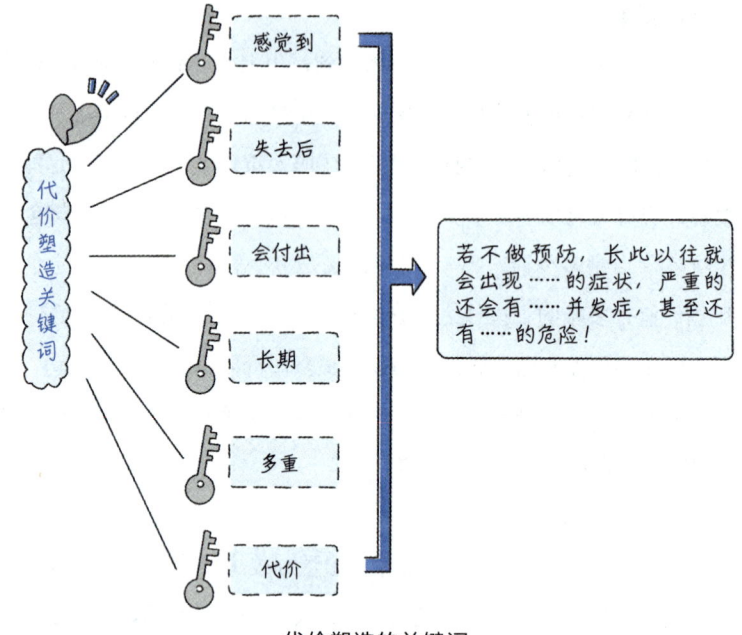

代价塑造的关键词:
- 感觉到
- 失去后
- 会付出
- 长期
- 多重
- 代价

若不做预防,长此以往就会出现……的症状,严重的还会有……并发症,甚至还有……的危险!

代价塑造的关键词

这就是通过长期多重代价的描述,反向证明,让人感受到眼前方案的价值。

其实这些都是一些标准思路,这些思路你可以套用到不同场景,根据不同的情况不断延展!

当你把价格的表述模式以及价值和代价的两种诉说模式都掌握清楚了之后,你就知道该如何说价格以及该如何塑造价值了。

接下来咱们来了解一下商业常用的 15 个价值塑造点。

商业常用的 15 个价值塑造点

以下 15 个价值塑造点,也正是很多商业机构做宣传推广时,会着重去塑造价值的地方,一起来了解一下。

价值塑造点1：USP

USP，就是独特销售主张，通俗的说法叫独特卖点。

举例说明，中国感冒药市场其实早已是红海了，而中国的自有品牌白加黑，却曾在上市半年时间，就在拥挤的感冒药市场上分割了15%的份额，登上了行业第二品牌的地位，在中国大陆营销传播史上，堪称奇迹。那白加黑是怎么做的呢？

白加黑就是有自己的独特销售主张："白天吃白片不瞌睡，晚上吃黑片睡得香。"这正好迎合了消费者的生活形态，这就是独特销售主张。药品成分其实跟其他感冒药没什么区别，无非就是在黑片里加了扑尔敏等，但是它给大家的印象就不一样了。

独特卖点往往会让别人记忆更深刻，刺激人们产生新的购买欲望，所以通过独特卖点去塑造价值，打差异化战略，就意味着你的东西一定要有个性，一定要有差异化的核心竞争力，哪怕它不是真实的核心竞争力，也要去塑造出来，这样才能让别人印象深刻。用到谈恋爱上，就是：你不一定是最帅的，但你是最特别的，也会让人心动。

价值塑造点2：利益

利益，就是客户能深刻感觉到的好处。

何为客户能深刻感觉到的好处？就是具体性的针对性的正中下怀的利好，这才叫利益。

举例：老公陪老婆逛商场，老婆看上了一套高档餐具，老公嫌贵，不舍得买，趁老婆进店详细了解时，销售员悄悄拉先生到一边说了一句话，老公听后立即放松许多，最后支持购买。销售员说了什么？——"您买了这套餐具，您的爱人肯定不会让您洗碗的，她害怕您摔坏！"这就叫利益，对方一听就有触动。

所以，一定要结合对方的个性化诉求塑造利益。

价值塑造点 3：快乐和痛苦

快乐和痛苦，即客户兴奋点和痛点，是在任何的销售推广中少不了的价值塑造点。如何放大快乐，如何加深痛苦，咱们在《影响式社交》一书的"乐功"和"痛功"里，已经讲过很多方法了，你可以去回顾一下痛苦加大法、快乐加大法等方法。

价值塑造点 4：逻辑理由

给对方一个买的理由，哪怕是听似合理的理由。

举例来说，食用油市场其实也一直存在白热化的竞争，但是金龙鱼调和油凭借它的广告取得了极大的成功，它推出"金龙鱼1∶1∶1，最佳营养配方"概念，让产品显得更具备科学性，大家一想到买油要健康科学，首先想到的就是1∶1∶1的金龙鱼，其实这就是通过一种看似理性的宣传语，迎合大家购买的逻辑理由。

在销售过程中，想要任何客户启动购买行动，都要给对方一个动机或理由。你一定要学会为自己的产品、服务创造一套理论，让对方认同你的理论后，自动找上你的产品，因为这符合对方的逻辑。

价值塑造点 5：流程工序

你们的流程工序越显得严谨，你们的制度标准越显得严苛，就越容易让消费者信服。

我曾遇到过两个学生都给我送茶叶，一个学生就是客气地把东西交给我说几句话就走了，没给我留下什么印象；而另外一个学生就不同了，他说这是他妈妈专门从自己的茶园里采摘的好茶，然后从那盒茶叶的采摘开始，说到怎么炒青、焙干、包装等，关键是又经过几千公里带到我面前的，虽然那孩子爱开玩笑，但不管真的假的，就凭人家这番真诚的话，你若听下来，是不是也会备感珍贵？

再一个商业上的例子。饮用水市场一度"水战"频发，在娃哈哈和康师傅等大品牌竞争激励的市场中，乐百氏竟曾因一句广告语而家喻户晓，那句话就是"乐百氏纯净水，经过 27 层净化"。难道其他纯净水厂家达不到 27 层净化吗？不！但是乐百氏是第一个把自己的流程工序提出来的，让人印象深刻。老百姓看到市场上这么多的纯净水，到底哪家的水更加纯净呢？大概是 27 层净化的这家，这就是流程工序给别人留下的深刻印象了。

价值塑造点 6：产品背后的精神

有些人选择一种产品，不一定是因为这个产品质量有多好，而是这款产品带有一种价值观、一种信仰、一种情感，而这些正好与自己比较契合。

同样是手机品牌，苹果有"果粉"，小米有"米粉"，是因为它们都在有意地输出自己品牌的价值观，体现自己产品背后的精神。苹果的"伟大的产品""创意""极简"，小米的"真诚和热爱""互联网的时代精神"，甚至还有锤子手机的"工匠精神""情怀"等，都会激励自己的用户争相宣传。也就是说它们早已不只是一个电子产品，它们身上都凝聚着某种精神，买它是为了这种精神需求。

价值塑造点 7：紧缺性和急迫性

有用的产品，只要一紧缺，就显得更有价值，只要一急迫（不着急就买不着），就会让人更想要。所以呢，我们要想办法去制造紧缺性和急迫性。《影响式社交》的"限功"中讲过很多这方面的方法，在此就不再重申了。

价值塑造点 8：售后服务

面对高规格的产品，你会愿意买售后没有保障的产品吗？比如，房、车、家用电器等，哪怕就是个车险，你会为了省钱而选择那种出了事找不着人的保险公司吗？既然己所不欲，那就勿施于人。尤其是大件商品或服务，不仅要突出产品质量，更要注重售后服务比别人强。比如说在电器行业，海尔名震一时，因为它的电器卖出后，售后服务在当时非常有口碑，据说海尔是第一家要求上门安装人员，进客户家要戴头套鞋套的，不能把汗滴到顾客地板上，不能弄脏顾客家的地板，不能随便喝客户的一杯水，不能迟到一分钟等，并且非常有礼貌、非常细心、非常追求细节，严苛而又人性化的服务管理，曾让海尔有口皆碑。

价值塑造点 9：品牌信誉

任何产品，当你做到有品牌、有社会信誉，你的价值自然而然就有了。

比如说苹果手机在中国市场赚得盆满钵满。大部分人明明知道它通过中国的工厂代工，甚至不少原材料、配件都是从中国采购的，一台手机所有的成本加起来也就 1000 多块钱，但为什么在中国一台 iPhone 至少卖到四五千，新款甚至卖到近万块？因为它已经成为品牌了，即使你知道它成本并没有那么高，但因为是品牌，所以就更值得信赖。过去两年国产手机 VIVO 和 OPPO，也是在中国手机市场打响了品牌，所以它们的销量一直处在领先位置，甚至一度保持前三甲。由此可见，品牌信誉给人价值感。

价值塑造点 10：交货速度

对于网络购物，客户的心理经常是，一旦下单，所买的宝贝越早到手会越兴奋。换句话说，交货速度本身就是一种价值，所以才会有太多愿意多花钱买速度的现象，就连滴滴打车在高峰期都会鼓励你加小费以减少排队时间。

说到速度，不得不提京东。为什么在那么多网购平台中，人们更喜欢在京东上面买东西？不仅仅在于它的东西货真价实，天猫、唯品会上也都货真价实，但为什么还是有很多人喜欢在京东上买呢？因为它送货确实快，上午定的下午送来，下午定的第二天就送来了，所以，这就是快给人带来的价值感！

达美乐是稳居全球前三的比萨外卖公司，其在国际市场实现了连续22年不间断的增长……在必胜客、棒约翰等比萨巨头的压力下，在众多餐饮外卖高补贴的竞争环境下，达美乐靠"30分钟送达，否则免费"的承诺，一举制胜。

价值塑造点 11：库存和便利性

尤其对大件商品，足够的库存其实是给客户一种"有问题可调换，直到你满意为止"的优越感；同时，也给客户一种售后服务便利性的保障，暗示我们的产品不是马上过期的尾货残次品，不是马上要停产了，这仍是我们今天的主流产品，如果有相关的问题，我们的产品还有很多，我们的服务肯定是非常有保障的。

价值塑造点 12：专利发明及研发实力

有的企业为了标榜自己的产品好，就通过标榜自己有多少专利发明、有多少工程师等专业资源，来彰显自家的产品肯定是高科技的，让人觉得更专业、更科学、更有价值。

有些公司还会组建自己的研究院，或者至少是研发部门，销售或谈合作时，突出自家有研究院或有多么实力庞大的研发部门，往往会给别人一种我们的产品可以不断升级迭代，可持续性强，或给人以我们的产品都非常专业，能满足时代发展需要的感觉。这就是价值所在。

价值塑造点 13：促销活动

适时地搞促销活动，就是在创造特惠机会以塑造价值。这一点，各大网购平台最擅长，总能制造促销活动日出来，这会让客户感觉这是性价比超值的难得机会，错过就再也没有了，所以，自然会激起对方的购买欲。你在单独销售的过程中，也要善于利用这一点，用促销的机会升级价值感。

价值塑造点 14：小条件

不讲条件的妥协不会受人尊重，不加条件的优惠不会让人珍惜。我们可以给别人好处，但无条件地给，往往让人猜想你居心叵测。那如何让给出的好处更受欢迎呢？那就是加条件。但又不能加太难太高的条件，因为条件门槛太高，有可能会将大部分人挡在门外。所以，我们要懂得加小条件，即加的条件让对方觉得合情合理，又不是不能做到，这样的话，你的小条件就加强了对方想争取产品或额外好处的动力。但加小条件的节奏要注意，一般都是先描述好处或价值，其次加小条件，最后要承诺。

价值塑造点 15：完整的产品线

越庞大、稳定、有实力的机体，越容易让人觉得值得信赖。

比如麦当劳，它们终端实体店做得非常好，同时它们把上下游都能绑成利益共同体，所有的供应商和加盟商全部都可以把控，让上下游都能跟着赚钱。麦当劳输出的是品牌、渠道管理、供应链管理，都是无形资产。它用无形资产把有形资源整合在了一起，形成了轻资产经营模式。各类的产品线也都在开发，它们不仅有自己的快餐行业，有自己的生物科技产业、食品产业，还有自己的房地产业等，这就是多元发展，完整的产品线往往会给人更稳定更长久的感觉。这就是很多企业发展到一定阶段就要多元化发展的原因，至少更容易获得市场信赖。

产品的价值往往是多方面的，人和企业的价值同样是多方面的，也都可以被塑造被放大。价值是人类赋予的，就像钻石，一旦附上"爱情恒久远，一颗永流传"，就变成了爱情必备品，成了至高价值的宝贝。所以我们要培养顾客为价值买单的意识，这就要好好练习上述的价值塑造方法。

一个善于塑造价值的人，往往就是一个很有价值的人。

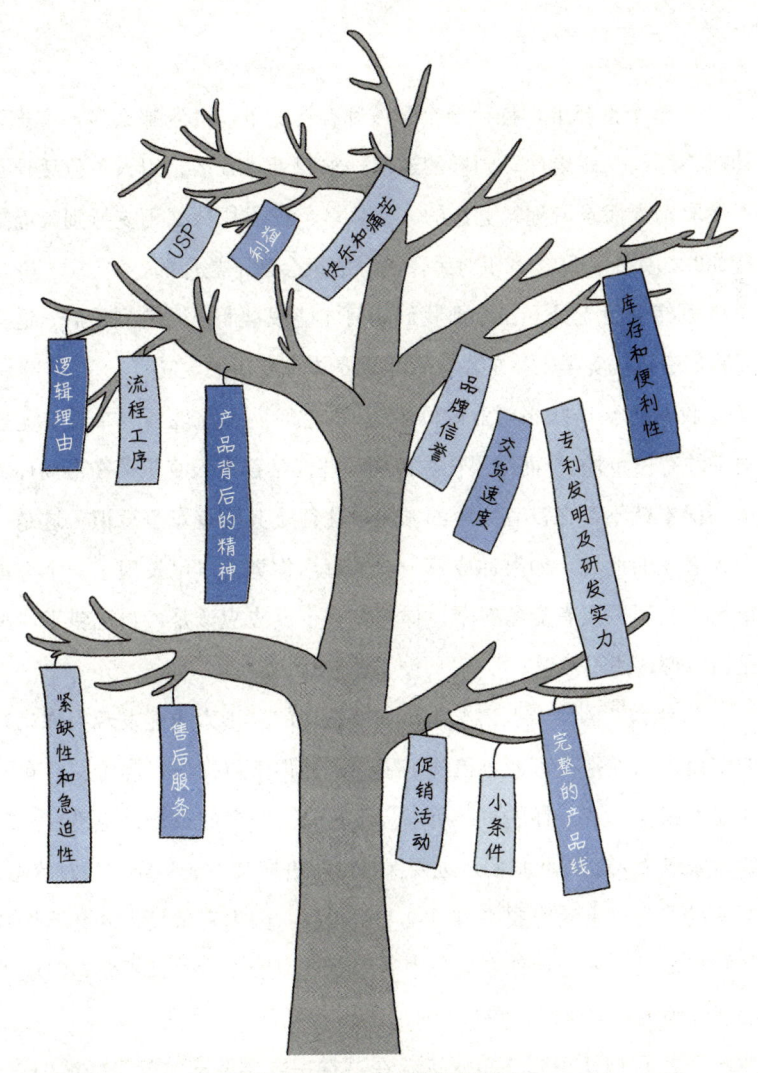

商业常用的 15 个价值塑造点

标签内容：USP、利润、快乐和痛苦、逻辑理由、流程工序、产品背后的精神、品牌信誉、交货速度、库存和便利性、专利发明及研发实力、紧缺性和急迫性、售后服务、促销活动、小条件、完整的产品线

08 ｜ 区功：区隔竞争对手

在这个世界上，任何一个领域都存在竞争，商家那么多，客户凭什么不选别家而选你？同样的道理，求职者那么多，用人单位凭什么不录取别人而录取你？竞选的人那么多，评委凭什么不支持别人而支持你？如果不会区隔竞争对手，再好的机会都不是你的。

既然竞争无处不在，那我们如何才能脱颖而出、笑到最后？这需要我们有区隔竞争对手的功夫，也就是本节要讲的区功。

我常听到一些想创业的同学说："老师，我发现了一个没有竞争对手的空白市场。"而结果往往证明这些同学都太天真了。在市场环境下，根本就不存在没有竞争的领域，往往是其没有竞争意识，这是一个人最大的危机。如果你成熟一些，每当你觉得自己发现了一个空白市场，且周围没有竞争对手，你的第一个反应应该是：自己错了，只是错在哪儿还不知道！

为什么？因为一般情况下，你能发现的，别人也能发现；你认为的空白市场，别人可能早已开干了；就算你干得挺好，马上就会有一大群人跟你干着一样的事。所以，没有完全空白的市场，也没有无敌的领域或个人，因此我们永远要保持一种进取又不失防守的战时状态，即使没遇到对手，也要给自己设个假想敌，因为有敬畏，才会让你做到知彼知己，才会让你在竞争中游刃有余。所以，永远不要存在侥幸心理，因为竞争永远存在！

既然我们认识到竞争永远存在，首先应该做到的就是知彼知己。好的竞品，往往是促进我们自身成长的参照物。如果对竞争对手足够了解，我们完全可以从竞争对手身上发现很多优点和缺点，从而让我们更容易找到差异点进行引导塑造。

记住，足够知彼，尽量让彼不知己，一向是成功谈判乃至经营生意的重要原则。这也是许多企业都会安排卧底到竞争对手企业的原因。

用 SWOT 分析，做到知己知彼

SWOT 分析，即基于内外部竞争环境和竞争条件下的态势分析，就是将与研究对象密切相关的各种主要内部优势、劣势和外部的机会、威胁等，通过调查列举出来，并依照矩阵形式排列，然后分析决策。其中 S（strengths）是优势，W（weaknesses）是劣势，O（opportunities）是机会，T（threats）是威胁。

内部分析 / 外部分析	S 优势 1. 2. 列出优势 3.	W 劣势 1. 2. 列出劣势 3.
O 机会 1. 2. 列出机会 3.	SO 战略 1. 2. 发挥优势 利用机会 3.	WO 战略 1. 2. 克服劣势 利用机会 3.
T 威胁 1. 2. 列出威胁 3.	ST 战略 1. 2. 利用优势 规避威胁 3.	WT 战略 1. 2. 减少劣势 规避威胁 3.

SWOT 分析法

依据上图，优势、劣势与机会、威胁相组合，企业竞争形成 SO、ST、WO、WT 策略。

SO 策略： 依靠内部优势，利用外部机会。

WO 策略： 利用外部机会，弥补内部劣势。

ST 策略： 利用内部优势，规避外部威胁。

WT 策略： 减少内部劣势，规避外部威胁。

就算不站在企业竞争的层面，哪怕只是想把自己的产品推销给顾客，足够了解竞争对手的状况，也有利于你制定策略，搞定顾客。其实不管是针对自己，还是竞争对手，都可以通过一个 SWOT 分析，深入认识一下彼此的优势、劣势、机会和风险，从而方便决策。

当你能从这 4 方面分析自身和竞争对手的时候，就知道该如何跟客户分析引导了。哪些地方是人无你有，哪些地方是人有你优，哪些地方是要弱化淡化的，哪些地方是需要加强的，清楚这些自然会有说服方向。总之通过足够的调研和对比性分析，清清楚楚地知彼知己，才不会受制于竞争对手。

当我们通过调研和分析做到了知彼知己，接下来如何有效区隔竞争对手呢？如何在客户已了解竞争对手的情况下，还能把客户争取过来呢？在这里我给大家介绍 5 个招式，帮你 5 步绝杀竞争对手。

区隔竞争对手的 5 个招式

第一式：绝不贬低竞争对手，反而要赞美竞争对手

卖东西，首先要赢在气场气度，不能让顾客觉得你容不下别人，甚至认为你输不起，那你就真的输了。一旦你在顾客面前丧失了人格魅力，你东西再好，也有可能卖不出去。

比如你是卖保温杯的，别人也是卖保温杯的，你不能说你的保温杯好，别人的保温杯不好，你越这样的话就越显得你气量小，会让客户觉得你这种心胸狭窄之人推荐的东西不靠谱。所以，不要贬低对手，

反而要学会巧妙赞美！比如跟顾客说："您说的我知道，是我们同行，他们也有不错的产品。"但说的时候不具体提到对方的优点就可以了，哪怕提对手优点，也可以沿着顾客不在意的方向提，比如，顾客要买的是商务型水杯，并不会在乎花里胡哨的外观的话，你就可以这样提对手："他们主打运动型水杯，也都挺好看的。"有时你这样说，还会让客户认识到你早已心中有数、胸有成竹的一面，他就自然比较容易拜服于你这样的气场和气度。

第二式：展现自己和竞争对手的差异之处

你可以记住这个话术："我知道，我们那个同行也提供这类的产品，他们的……方面确实还不错。而站在大部分顾客……切实的角度，买这类产品，还是更应该侧重这类产品的……方面，为此我们投入了×倍的代价，在……方面做到了……震撼的事实，所以我们在这方面是同行业绝对领先的水平。"指出区别性，让顾客感到你的优势更贴近他的利益。

比如说卖保温杯："是，那个牌子的水杯，确实是个老品牌，质量也不错，而对我们经常出行需要带水杯的人而言，我们认为便捷性和时尚感更重要，为了满足用户更好的体验，在推出这款水杯之前，我们做过大量的实验考证，最终我们这款水杯的设计还申请了专利，所以在便携、时尚这方面，我们一直处在领跑地位。"这就是第二式，结合对方比较敏感的利益，带有引导性地展现差异。

第三式：强调自己的绝对优势

一定要找出一到三个自己产品与众不同的优势，关键是要有能抓人眼球、让人眼前一亮的独特优势，结合对方的利益诉求，把自己的优势说透，让对方记忆深刻，最好能让对方觉得"嗯，要提这方面的优势，还得是你家了"，这就做到位了。这是强调自身优势所要达到的效果。

第四式：提醒客户竞争对手的隐形弱势

我们有优势，对手就有弱势。提醒客户竞争对手的相关弱势，这不是贬低，而是善意的提醒、忠告，换句话说，就是把对手的一些弱点以一个客观分析的角度让对方认识到，不带主观批判色彩，并且是站在客户的立场上，用为了维护客户利益的口吻去提醒。你只需要做这方面的提醒，最后把决定权交给客户。

你提醒过后，还可以说："没关系，您选择哪家都可以，生意不成我们还可以做朋友嘛，不过为了您的长久利益考虑，我还是要提醒您，千万别让自己花冤枉钱，有些产品如果不能从初心上解决您的问题，您早晚还会花费更多的钱，所以一定要慎重。"这种并不贬低式的提醒，往往会让人更容易跟你亲近。

第五式：拿出竞争对手的客户转向的见证

最后一式可谓撒手锏，想将客户争取过来，最简单的方法就是，拿出一份竞争对手的客户转向你这儿购买的客户见证。就是拿一个跟这个客户身份比较相像的人说事："那个客户原来就在我们同行那一家买，也算是那边老顾客了，但是自从我们推出这类产品后，他经过仔细对比，最后决定来我们这儿买，后来他了解到他朋友在其他地方的遭遇之后，还跟我们说，幸亏他当时改变了决定，否则会遭遇和他朋友一样的下场。之后他周围的亲戚朋友也都来我这儿买。"你拿这样一个转向购买的客户说事，会让眼前这个客户立刻找到答案。

从竞争对手那儿转向你购买的见证，往往更有说服力，因为这是在暗示眼前的客户，有人已经做过充分的市场比对了，你就不需要再费脑筋了。人们往往喜欢捷径思考，不喜欢深入思考，当一个跟自己立场相同的人都已经采取了转变的决定，自己还有犹豫的必要吗？

以上这些就是区隔竞争对手的5个招式，这些方法，其实可以复制到生活中很多存在竞争的领域。为了巩固这节学到的知识,我们带领大家来实战一道题目。

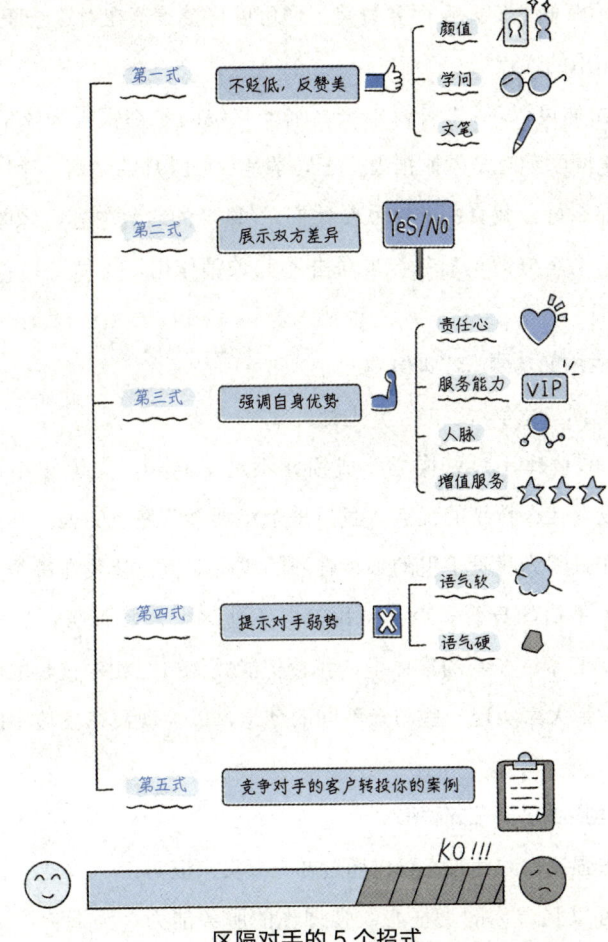

第一式 不贬低,反赞美 —— 颜值 / 学问 / 文笔

第二式 展示双方差异 —— Yes/No

第三式 强调自身优势 —— 责任心 / 服务能力 VIP / 人脉 / 增值服务

第四式 提示对手弱势 —— 语气软 / 语气硬

第五式 竞争对手的客户转投你的案例

KO!!!

区隔对手的5个招式

实战巩固：5步绝杀竞争对手

实战题目：学校里,如果你要竞聘某协会的会长,面临好几位同学的竞争,你是最后的发言者,那你该怎样区隔他们,赢得胜利呢?

我们试用以上 5 个招式，聊聊实战应用。

1. 运用绝杀第一式解得

绝不贬低他们，反而要赞美。你可以将赞美落在对这一职务不起关键性作用的优点上。

比如你可以说："看得出来，刚才几位同学都很受大家的欢迎，咱们的张同学绝对是颜值担当，王同学是我们膜拜的学霸，李同学呢，文笔又那么好。我真的非常欣赏他们。"赞美的这些内容，像颜值高、学习好、文笔好等，对领导职务并不起关键作用，这就是：不贬低，反赞美。

2. 运用绝杀第二式解得

展现你和竞争对手的差异之处。

"我颜值比不过张同学，成绩比不过王同学，文笔比不过李同学，我没有什么特别的优点，我只是个特别喜欢做事的人，从初中以来，也许就因为我骨子里的那种强烈的成就动机，让我在每个集体里都获得了不错的身份和声誉。我曾担任过××××职务，曾获得过××××奖章。在新的集体里，我希望能凭借自己相对擅长的服务带动能力，带大家实现一些与众不同的梦想，以体现我在集体中的价值和意义。"

3. 运用绝杀第三式解得

着重强调你的优势，可以通过补充事实来证明。

你可以强调你的责任心，强调你的服务能力，强调你广大的人脉，强调你的组织协调能力对这个职务起关键作用的优点，可拿过去相关的成功案例举例说明，会让人更加印象深刻。

4. 运用绝杀第四式解得

提醒大家竞争对手的相关弱势。

你可以带着为大家好的口吻来提醒："刚才王同学、张同学以及李同学在发言中提到的那些优点固然重要，就像王同学在学习上很厉害，但这对社团的发展是不是关键？当学习压力大的时候，在社团工作上我相信他仍有这份心，但可能也会有心无力。"其他的对手你也可以一一分析。记住，说这些话时，语气要很软，语意要很硬，这是提醒别人竞争对手的弱势。

5. 运用撒手锏解得

拿出一份竞争对手客户转向你的见证。

你可以拿过去转向支持你的案例来说明："我曾经在一次……方面的竞选或评比中，遇到过像今天的情况，其他的选手也都有过人之处，就像今天在座的同学一样受人喜欢。但是最终当时的评委导师出于落实工作的考虑，还是把宝贵的一票投给了我，甚至我还得到了某位对手亲友团的支持，他们能放下感情的考虑转而为我这非亲非故的人投上一票，让我至今深为感动。我相信大家也都能做到感情归感情，工作归工作，做出明智而无私的选择，如果对我有信心，就投我一票，多谢信任！"当你讲一个过去转向支持你的案例时，就会起到很好的引导作用。

这就是5步绝杀思维的灵活应用，这5步可以用到很多需要区隔竞争对手的场合。

既然竞争无处不在，那能接触到顾客的每一个机会都是成交的机会，不想再把顾客流失给竞争对手，就要善于发挥这5步区隔竞争对手的功力，先发制人，讲究策略地对比和引导，让客户在脑海里重新进行价值排序。

09 | 解功：解除顾客质疑

对一个销售来说，世上最遥远的距离，不是自己的产品服务不好，而是顾客明明有需要就是不买；对一个追求者来说，世上最遥远的距离，不是自己还不够努力，而是满怀深情的告白却被无情拒绝。销售谈判，总是瞬息万变，而解除质疑总是最难。

如果你干过销售，你就知道，成交环节往往变数很大，不到拿下订单款项那一刻，都不能掉以轻心。你前期工作做得再好，都有可能在你认为能成交的时候，迎来对方质疑的冷水，一盆冷水浇透你的心。比如："容我回去再考虑考虑""我要问××的意见再决定""我到××时候再买吧"……

所以，你一定要明白，很多时候，当下不搞定客户，也许以后就再也没机会了。如何不被别人的婉言拒绝打倒，从而做到触底成交呢？在这一节，我们一起来掌握解除客户质疑的功夫，这是成交之前最令人头疼也是最关键的一步。

处理质疑的两大忌讳

很多人面对客户的质疑，会觉得客户是无理取闹，容易着急上火，甚至跟对方争吵，这是非常忌讳的事情，所以，在这里我要提醒大家，以下这两种情况一定不能发生。

第一种情况是直接指出对方的错误， 甚至指责对方犯了低级错误，这样会激怒客户，激怒了客户，客户是不可能向你购买的，并且很有可能传播坏的口碑。

处理质疑的两大忌讳

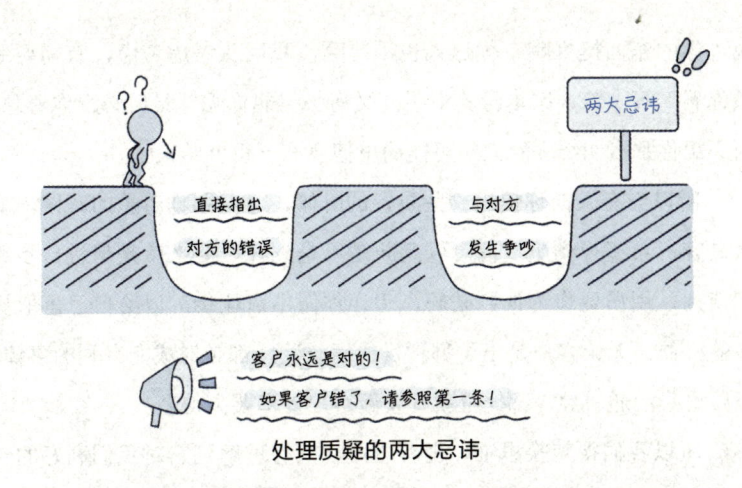

第二种情况是发生争吵。这就更不应该了，大吵大闹就相当于你把自己的形象毁于一旦。做生意跟人打交道，不要用辩论思维，把对方辩倒、自我感觉良好，对于销售没有任何好处，而要用沟通思维，让对方感觉良好才是终极目的。

- 所以，不妨把沃尔玛的两条服务理念重温一下：
  （1）客户永远是对的。
  （2）如果客户错了，请参照第一条。

转换质疑的定义，把坏的方面变成利好

怎么看待客户质疑，往往决定着你待客的态度及方式，也决定着你是否能化不利为有利，从而扭转局面。

我们要记住一个观念：嫌货才是买货人。大家可以思考一下，如果一个客户不存在潜在的购买需求，他会有那么多对产品的质疑问题吗？除非是同行来摸底，若是顾客应该可能性极小。他存在潜在的购买需求，才会带着挑剔的眼光去审视眼前的产品，这也很合理啊，因为他毕竟要为此付出代价。如果他本身不买，那他肯定是好声好语地

说"你的东西挺好啊,你这人也不错啊,我回头考虑考虑,有需要联系你啊"等。若人家本身就不买,又何必得罪你呢?又何必跟你着急,何必跟你那么纠缠呢?人家可能简单搪塞一下也就结束了。

所以当有人向你提出一些质疑的时候,甚至跟你着急的时候,要么是客户希望得到更多信息以判断是不是划算,要么就是想进一步跟你谈判,用质疑作为谈判砝码,想让你做出点让步,以给自己争取更多的权益。无论客户是出于哪种目的而质疑,都是对成交有利的事情,只要耐心沟通引导,都比重新开发新客户效率要高得多。

所以我们得转换思维,理解质疑,只有理解到它对我们利好的一面,才能够有动力去解决质疑,如果我们不能做到基本的理解,面对别人的一些问题或者质疑,立刻就回避了,我们就会损失眼前的客户,甚至会损失更多客户。

面对质疑必备的 5 大观念

观念 1:质疑现象,永远存在

请你相信,天底下极少有太过顺利的交易,所以我们不可能去解决所有的质疑,只需努力去提升成交的比例就够了。如果你能像前文"寻功"中提到的那样,一眼看出对方是劣质客户,或对方提的问题是假问题,也大可不必在其不必要解决的质疑上去花费太多的时间和精力,再遇到质疑的时候,也至少可以分清楚,到底值不值得继续投入时间了。

观念 2:质疑越大,你越值钱

质疑有大有小,有时大的质疑正是对方想借此作为谈判砝码让你做出让步。这同时也反映出:对方质疑越大,越想引起你的注意,越依赖你。换个角度去认知质疑,你也许就会更有动力去解决它。

观念 3：质疑越大，卖得越多

现实中常有这样的情况，客户本身刚开始是完全质疑的，但是你真的用心地把他的心结解开了之后，他竟然成了你的忠诚客户，甚至成为你的长期大客户，还不断去向别人介绍你的产品和服务。为什么会有这种情况呢？

因为你真正从根本上解开了对方的心结。你在他身上真的花心思了，把他在意的问题用心解决了，甚至表现出你比他还要在意，让他心服口服。所以没有客户的质疑，就没有更深层次的说服。质疑本应该给我们提供动力，让我们去更用心更及时地解决问题，否则，你这次因为有难度而不解决的话，以后还会再出现这种情况，难道你次次都不解决吗？**所以你必须要树立一个信念：质疑越大，你卖得越多，大订单的机会也越多。**

观念 4：准备越多，质疑越少

你准备得越多，就越能够随机应变，对方有什么样的问题，你都容易去给对方解决，这样质疑自然就少了，所以你平常要有意识地把客户所有的质疑提前收集预测，并且根据这些质疑去设计多套话术或方案，甚至背诵、演练、反馈，做到提前了然于心。

观念 5：面对质疑，先发制人

比如在你卖产品的过程中，你会听到客户反映你的产品贵，说他回头再买好不好，需要回去考虑考虑，等等，对于这些常见的质疑你要设计标准话术，不断地提前演练，然后才能先发制人。如果你觉得对方肯定会提你的产品贵，不妨把这事儿先说出来，把"贵"说在前面，再进行说服，这样便可占据主动。

你可以这样说，"我曾经遇到一个和你同行的客户，刚开始对产品了解不多，一提到价格他就觉得贵，然而他跟着我们详细了解完之后才发现，这绝对是一个超值的选择，后来还拉亲戚朋友一起来呢！"其实这就是借助第三方表达，通过这样一种情境式表达来达到先发制人的效果，让对方不再有太贵的质疑。

好了，面对客户质疑必备的5大观念我们已经说完了，接下来我们进入更深一层的学习。

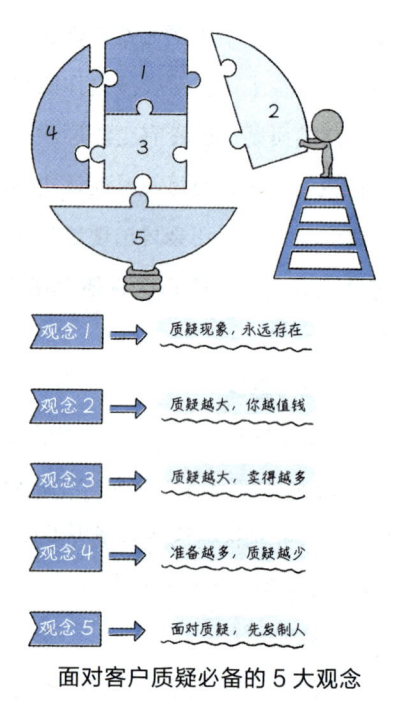

观念1 → 质疑现象，永远存在

观念2 → 质疑越大，你越值钱

观念3 → 质疑越大，卖得越多

观念4 → 准备越多，质疑越少

观念5 → 面对质疑，先发制人

面对客户质疑必备的5大观念

解除质疑之前必走的6步流程

1. 充分沟通

我们要坚持用《影响式表达》中"问功""听功"等交际沟通技巧，跟对方进行有效沟通、良性互动，让对方感觉良好，这样我们才能够掌握更多的信息，也才能判断对方质疑的本质是什么，以及需不需要解决。

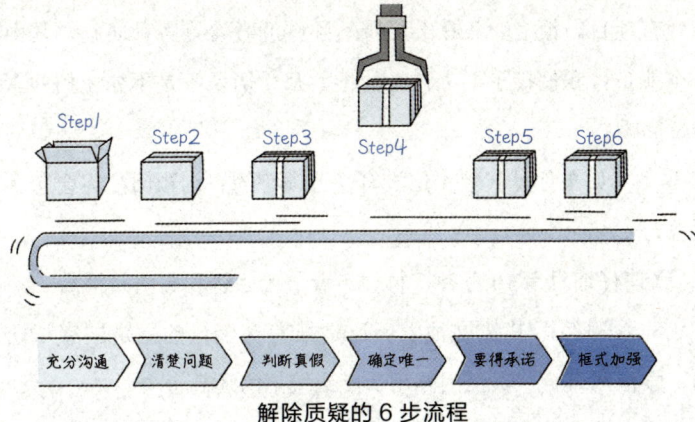

Step1　Step2　Step3　Step4　Step5　Step6

充分沟通　清楚问题　判断真假　确定唯一　要得承诺　框式加强

解除质疑的6步流程

2. 清楚问题

清楚问题就是要搞清楚对方具体质疑的问题是什么，想办法确认对方的困惑，问题越具体越清楚越容易解决，不要轻易回答他模糊的质疑，否则你永远解答不完，也无法解决掉他最关心的问题。

3. 判断真假

如果对方具体地告知质疑之后，你发现这个质疑不见得是一个真实的质疑，有可能就是他推脱的理由，那你就可以继续追溯，找到他真实的质疑原因，再花时间解决。

假问题是不用作答的，之前我跟大家提过，客户经常有这样一种行为模式，他总是比较随意地抛出一个问题，没有经过训练的我们，就比较容易费尽周折地给他解答，然而他还会一次次地再抛出问题，直到把我们折磨得够呛了，他竟然还来一句：我再考虑考虑。所以我们还是要学会判断，客户的真问题才值得我们去回答。接下来给大家出一道情景实战题。

● 情景实战题：

我有个学生去听了一次学历教育讲座，这次讲座旨在面向没考上大学的孩子招生，他们主推的有自考、网络教育、成考等学历教育项目。很多家长在会后围着那些助教咨询各种问题,其中一个就是:我们孩子要上自考的话,那学历是不是不如统招的含金量高啊?

问:如果你是其中一位没有受过训练的咨询顾问,你会怎么回答?

(请仔细思考10分钟,再往下看一般回答和高明回答)

一般回答:其实这种学历还是很有含金量的,是国家承认的,学信网可查,甚至国际承认度比统招的还高……

我的学生作为旁观者,当时都能发现,这些大段冗长的回答基本没效果,还会被人贴上个"满嘴跑火车"的臭名。其实面对这类问题,你要敏锐地发现,这本身就是个假问题,因为那位家长的孩子没考上统招,若想提升学历就只能在非统招类学历里对比含金量。所以,你该如下回应。

高明回答:您家孩子考上统招了吗?没考上咱就不跟统招比了,剩下的所有提升学历的方式中,自考是含金量最高的了!

看到了吗?敏锐地判断真假问题再做回答,才是有用功。

4. 确定唯一

一次性让对方问完再回答,甚至问清楚对方这是不是最后的、全部的问题?如果把这些问题给解决了,是不是就没有什么别的问题了?

5. 要得承诺

回答前先询问对方:如果我把你最后的这些疑问解决了,如果我确实能满足你所有的需求,你今天是不是就能做决定?这就叫要承诺,要得承诺非常重要,只要对方语言上承诺你了,后边就很容易按自己所答应的去配合。

6. 框式加强

就算对方答应你了，你还是要框定对方的承诺，增加对方毁约的成本！

比如对方说了"只要你真把这最后问题解决了，我就当场做决定"，你可以马上来一句："我相信你一定是一个讲信用的人，你肯定不会让我在领导面前难堪。"甚至有时候可以用一种反问的口吻，"你不会在我跟领导申请下来之后，让我难堪吧？""你不会再反悔让我不好交差吧？"这就是框式加强，用确认的方式，为对方的最终成交再上一把锁。这是我们解除质疑前很重要的一个环节，框式加强后再解除质疑，往往才能提高成交率。

想让解除质疑的工作更顺利，一定要全部走完以上 6 步，否则，有可能会事倍功半。

解除质疑必杀技

解除质疑有一个必杀技，基本上使用了之后都会有不错的效果，这个必杀技就是：化缺点为优点。就是指当别人提出你某项缺点来质疑的时候，比如你的东西太贵了，或者有竞争对手比你还便宜，不管是什么样的质疑理由，你上来都可以这样说："这正是你要认真考虑我们产品的理由""这正是我专门过来给你推荐的原因"，或者"正因为你认为……所以我／你才要……"，这就是化缺点为优点。

你通过这种"正因为此，所以才要……"的话术，至少会立刻让对方集中注意力，然后他就会在脑海里思考"为什么呢"，在他费解之时，就给了你深入解释的机会，你就可以用另一套逻辑或找另一个角度去说服对方。

这就是解除质疑的一个必杀技，非常实用，生活中遇到否定质疑的时候也可以迁移使用。

10 | 易功：快速达成交易

我相信很多的销售人员在与客户沟通的过程中，最紧张的环节一定是最后成交的环节。之前沟通得非常顺畅，眼看就要签单了，可偏偏到了这一步却经常出现问题，有些人是怎么聊都行，但就是不签单，还有些人在签单过程中突然变卦，甚至还有在签单后突然反悔的，这都有可能是你在交易过程中的失误刺激了他。

在顾客签单前，任何小动作都可能让你肠子悔青，所以，千万不要以为前面工作做得好而得意忘形。很多交易的失败，都源于交易细节和功夫的不到位。

所以，在这一节，咱们好好聊聊成交前、成交中、成交后等交易过程中分别要注意的事项和方法。让我们通过学习成为完美交易高手！

成交失败的常见原因

通常成交失败的原因有哪些呢？据调查，主要的原因有 3 个。

原因1：步骤没走完
原因2：不敢成交
原因3：生硬成交

成交失败的常见原因

1. 步骤没走完

成交是需要走流程的，前面的步骤没走完，就很容易失败，如果走完则成交水到渠成。如果还没预热到位，就步入成交，往往会引起客户的抵触心理。你可以把销售行为当作烧水的过程，水温不可能从 0℃一下子蹿升到 100℃，温度是慢慢烧上去的。

所以成交前仔细回想一下，咱们前面关于销售说服场景的几步功夫做得怎么样？比如说信赖感到底怎么样？价值塑造得怎么样？区隔竞争对手以及解除质疑等关键步骤走得怎么样？如果走完了，成交几乎是水到渠成的事。

2. 不敢成交

不敢成交，是很多新手销售和性格偏软之人的通病。有些销售人员最大的毛病就是不敢开口要钱，他觉得收钱特别不好意思，好像赚了钱就有愧似的，尤其是面对熟悉的人根本不敢开口。

福特在他所处的年代曾经是美国首富，他有一个非常要好的同学，是卖保险的，他们俩的友好关系一直持续了十多年。但是这位同学从没有向福特开口说过保险，后来福特在别人的跟进下买了保险。他的这位同学知道后非常生气，找福特说："你不知道我是卖保险的吗？咱俩关系这么好，你都不找我买？"福特面对他的抱怨说："哎呀，兄弟，你从来没有跟我提过呀，你从来就没有要求过我呀，对吧？"

这个人和福特相处十多年都不敢成交，实在是非常可惜。现实生活中，你仔细琢磨，有多少这样的人？所以一个优秀的销售人员首先一定是勇敢的，他敢于迈开第一步，敢于找顾客成交，就像一个男孩子追女孩子，就知道每天写情诗，如果不敢表白有什么用呢？

记住了，你既然都跟顾客交往很长时间了，最后一定会走到找顾客收钱这一步，这一步是躲不过去的，所以你觉得大概火候到了，该提要求的时候就得提要求。顾客就是再喜欢你的产品，在他交钱的时候也是痛苦的。

最后你一定记住了，顾客交钱的时候，好比第一次站在高空滑梯口，是不会自己跳下去的，你的任务就是给他一脚，踹他一下，谁也别矫情费劲了。

3. 生硬成交

生硬成交，往往都发生在敏感度不高的销售员身上。你要记住，成交一般情况都是水到渠成的，事情还没发展到成交那一步，可千万不要勉强。生硬成交类似于，顾客还没走到高空滑梯口，就被你一直踹，这是不是也太着急了点？

以上都是成交失败的常见原因，希望大家引以为鉴。

成交前的技术和建议

1. 准备工具要齐全

成交前，准备工具一定要齐全，比如说发票、收据、签字笔、合同，还有计算器，一定要准备好，为什么呢？因为你不能等顾客交钱的时候，啥都找不到。因为他交钱的时候是最痛苦的，你越是找不到，等待时就越加深这种痛苦。一旦痛苦加深到一定程度，他就有可能把钱收回去了。因此成交前准备工具一定要齐全，切勿因小失大。

2. 环境要适宜成交

环境要适宜成交，确保没有干扰因素。不要等人家快下班的时候去人家单位，因为人家不会给你成交时间的，谁下班不是着急回家？不管是接孩子还是有其他事，随便一个理由就让你前功尽弃。客气地给你来一句"明天再说吧"，有可能就再也不说了，因为在明天到来之前又会有很多不确定的事情发生。

另外，也不要在非正式场合找人家签单收钱。比如你要在大马路上跟人家收钱，肯定很容易让人觉得你是个骗子，你收完钱要跑了我去哪找你啊？所以，要拿出自信，并且找对场合和环境，当机立断，能办就办。

3. 切忌过于健谈

有些销售员，自认为嘴皮子不错，就跟顾客一直巴拉巴拉不断讲。朋友们，一定要注意！真正优秀的销售员是很懂得识别购买信号的，购买信号随时都有可能出现，并且有些时候就是突然出现那么一下，你要随时都警觉。一旦发现购买信号出现，你就得立刻停止，马上成交，这很关键。

好，既然识别购买信号很重要，那到底什么样的信号是在提醒我们可以成交了呢？下面给大家介绍一些方便你识别的购买信号。

购买信号1："你们的信贷条件是什么？"就证明对方有意思了。

购买信号2："它可以被用来干什么呢？到底多少钱？还能少点吗？"这都是对方感兴趣的反应。

购买信号3：有时他还会转向旁边的人说"你看怎么样呢"，这就说明他自己已经接受了，在跟周围的人进行最后的确认。

购买信号4：有些顾客变得突然轻松起来，或者突然叹气，就有一种"算了，不绷着劲跟你抗争了，无所谓了"的感觉，这也是购买信号。

购买信号5：对方伸手触摸产品或拿起产品说明书开始琢磨研究，这是想了解细节的表现。

购买信号6：甚至有些时候他会跟你很友好，会对你说"想喝点什么呢？留下来吃中午饭吧。""你是个不错的销售员，你对你的产品很熟悉啊"等表示友好。其实这都是购买信号！

综上所述，成交前我们要将工具准备齐全，在适宜的环境下促成成交，切忌太过健谈的同时要识别购买信号，当机立断。

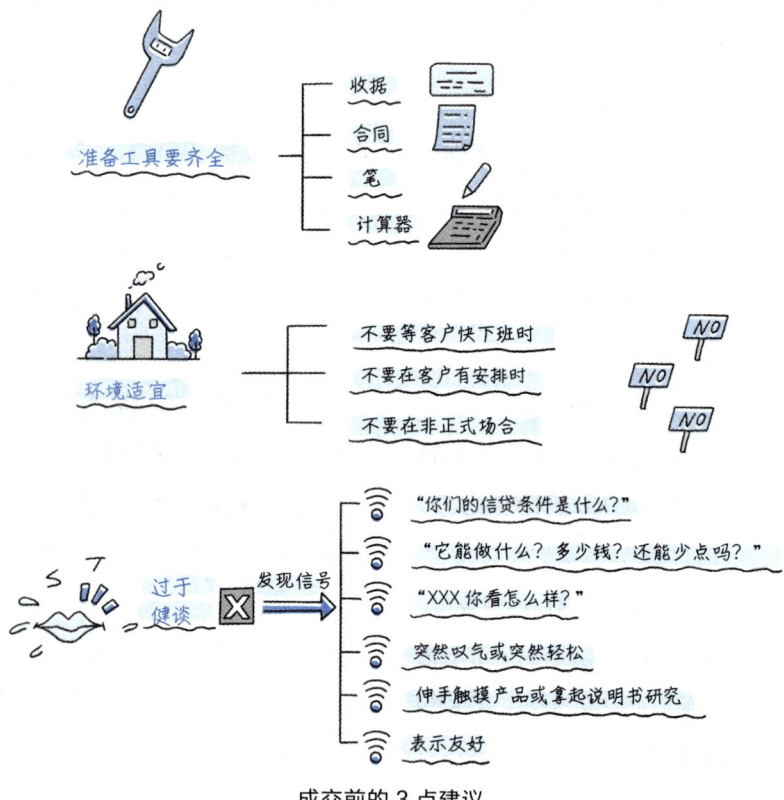

准备工具要齐全
- 收据
- 合同
- 笔
- 计算器

环境适宜
- 不要等客户快下班时
- 不要在客户有安排时
- 不要在非正式场合

过于健谈 ✗ → 发现信号
- "你们的信贷条件是什么？"
- "它能做什么？多少钱？还能少点吗？"
- "×××你看怎么样？"
- 突然叹气或突然轻松
- 伸手触摸产品或拿起说明书研究
- 表示友好

成交前的3点建议

成交中的技术和建议

1. 坚持八字箴言：微笑、递单、点头、闭嘴

你跟对方谈好之后，把手续一开，方案一推，签字笔一递，微笑，点头，拿出你自信的一面，让对方该签字签字，该划卡划卡，当然还要闭嘴。为什么？

因为这时候需要效率高，对方在交钱的时候往往很痛苦，如果你太过健谈，对方很有可能因为你传递的信息而问更多的信息，有些信息还会徒增他签约的疑虑。所以我们在已经能成交的时候，就要少说话。当对方签完单子之后，我们可以想办法去转移话题，所以说签单的时候动作要越快越好，不能拖，一拖延就会加深对方的痛苦，这是成交中的技术。

2. 说话方式和用语要讲究

成交中一定要讲究说话方式和用语，以免让对方神经敏感。我们要多用对方比较容易接受的催眠式词汇。

催眠式词汇1：同样是对方花钱，你说"您花多少钱"就不如说成"您投资多少"更容易让人接受。

催眠式词汇2：同样是签协议，你说"来，签下协议吧"就不如说成"来，咱们在书面文件上确认一下"更容易让人接受。

催眠式词汇3：同样是想让对方接受你的建议，你用"但是"这种转折的说法就不如用"同时"这种并列的说法更容易让人接受。

催眠式词汇4：如果对方签单了，说"谢谢"明显不如说"恭喜"更容易让人接受。

成交后的技术和建议

1. 签约后表态

对方一签完字，你千万不要说"谢谢你买了我们的东西"，这样说，对方就会有一种"我被你赚了，我吃亏了"的感觉，不然你怎么会"谢我"呢？当然更不能喜笑颜开，不能显得一签单就特高兴，你这一高兴对方立刻开始不高兴。而应该说："恭喜您做出了一个明智的决定，相信您的这个决定一定会给您带来……"，这种恭喜的口吻往往会让对方感觉到占了便宜。

2. 注意转换话题

成交后要注意转换话题，这是非常重要的，在成交环节或成交后，就不要再聊产品到底有多好了，因为你这样聊天往往会将对方的注意力更集中在你的产品上，很有可能就会延伸出其他的疑问，影响成交心情。

所以，我们该找话题让对方放松下来，比如聊一下产品说明书，具体回去使用的种种方面或是跟对方聊聊他的家乡或兴趣，比如"听口音您应该是南方人吧""您老家哪里的？您那边是不是有……习俗啊"，慢慢地去转移对方注意力，别让对方的意识总停留在签单花钱上。当他痛苦的时候，就容易惹是生非，所以要转换话题。

3. 学会如何告辞

签完单离开的时候，要不紧不慢，不能表现得太着急，这会让人没有安全感。比如收拾完之后你拿起人家钱，跑起来了，这样给人的感觉就太不好了，对方就会感觉自己是被骗来的，销售员都卷钱跑路了！说不定人家交完钱了也会投诉。

所以告辞的时候要不紧不慢，可以在别人面前找一个合理的理由，比如："我一会儿还有个会，今天也不耽误您时间了，咱们下次再约。"或者说，"我得趁今天抓紧把您的信息录入系统，报上去走流程，给您完善接下来的方案，错过了就得再等到……时候了，所以，我先回了。"再不紧不慢地走人，这样会让对方觉得合情合理，给别人的感觉就会不错。

真正走完这一步，交易才算告一段落。这些是销售人员的基本素养。有多少人天天做销售却总是在成交上败下阵来，真有不少人因成交环节的不讲究，流失的订单就占自己成交订单的一大比例。这一节的内容我讲过千百遍,但还是有人在不断地犯错,可见销售素养的重要性。所以,大家请认真学习本节,不要让一点小失误造成整个销售过程前功尽弃。

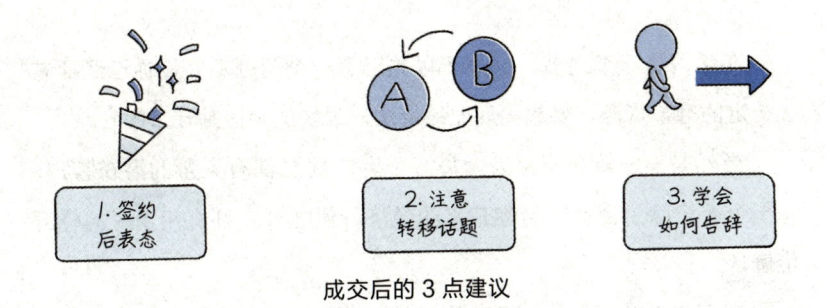

1. 签约后表态
2. 注意转移话题
3. 学会如何告辞

成交后的 3 点建议

11 | 转功：让顾客转介绍

在学习这一节之前，大家可以先思考一个问题。假设你已经拥有了一定的客户资源，要想实现业绩倍增，最快的手段是什么呢？

当然是——转介绍。因为每一个客户周围都有大量的潜在客户，每一个客户除了消费时给你带来的经济价值之外，都有相当大的资源价值。

有人说直销、保险、微商绝对是把转介绍发挥到了淋漓尽致，其实严格来说，他们已经不算是转介绍了，他们算多层分销，多层分销的奖励机制几乎把所有介入的消费者都变成了消费商。且不分析这样做的利弊，至少站在销售推广的制度上，我们也应该认识到，我们直接开发客户的难度大、成本高，如果能够把原有的客户资源启动起来，让他们帮忙转介绍新的客户，不仅成本降低了很多，而且成功率会非常高，所以呢，我们要牢牢掌握转介绍的功夫。

交际力高手，就是能把朋友的朋友，经过朋友的转介绍，变成自己的朋友，无论从业务推广上，还是从资源开发上，转介绍都值得我们重视。所以，在这一节我们就好好聊一聊转功，就是驱动更多已有资源转介绍的功夫。

对转介绍应有的态度和认知

好的业绩模型，往往70%的成交来自重复消费和转介绍。真正的销售精英，都深谙转介绍的规律和价值，这也正是我们大部分人所缺少并需加强的。

把转介绍
变成习惯

判断把握转介绍时机

不成交也要要求转介绍

必须给转介绍者回报

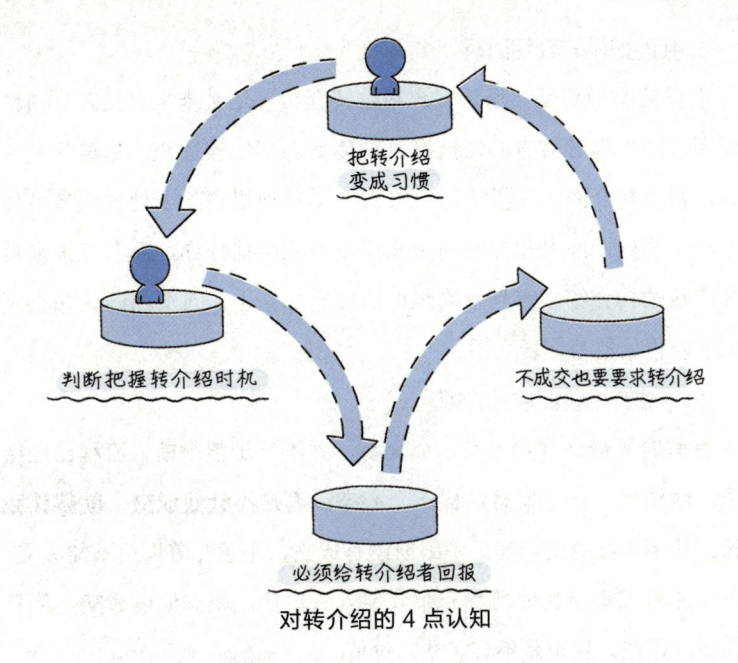

对转介绍的 4 点认知

1. 把转介绍变成习惯

我们必须要养成让客户转介绍的习惯，因为根据部分销售主导型行业的调研，每个客户身边都大约存在 250 个潜在客户，转介绍开发客户的成本仅是直接开发客户成本的 20%，这件事简直太划算了。

并且你本来就是通过这个产品去服务客户，你自己的产品很大程度上解决了客户的问题，趁对方满意，如果你让自己的老客户转介绍给他周围的人，也同样帮助他周围的人解决了难题，当那些人感谢他时，也算是对他的一种人脉维护，而你顺势也提升了业绩，可谓是一箭三雕的好事情，何乐而不为呢？

所以，不管你是自己做销售，还是带领销售团队，要养成一种习惯，就是在把老客户服务好的同时，顺势而为地引导他们启动身边所有可启动的资源，无时无刻都不要忘记转介绍，因为这可能让你业绩实现倍增。

2. 判断把握转介绍时机

根据情况判断是当场让客户帮忙转介绍，还是未来再找客户帮忙转介绍。如果当时对方心情挺好，整体状态都比较适合，那最好当场让客户帮忙转介绍。如果当时对方有一些其他事情急于处理或者整体状态不是很好，或者相处时间不长还没有完全信任你，那么就未来再找客户帮忙转介绍。等到未来跟你信赖感加强了，对产品的认知也更深刻了，再让他帮你转介绍。

3. 不成交也要要求转介绍

有些时候最终客户没有达成交易，并不等于整个销售流程已经结束了。做销售，一定要有这样一个心态，**客户不让我成交，就得让我成长**。他不让我成交，那只是眼前没有成交，不意味着以后不能成交，也不意味着就不能让他帮我介绍其他人。记住，就算他没成交，他背后的资源还在，这也是不容忽略的价值。

所以，即使对方没有购买你的产品，特别是他认可你，而且认可你的产品，只是由于客观原因没有购买的情况下，你花费了一定的精力去帮助他，他往往会有一种心理上的负债感，然后你就可以趁对方还有些歉意，让对方答应一些其他请求，比如帮你转介绍一些其他的客户，这是比较容易达成的。所以即使不成交也可以转介绍。

4. 必须给转介绍者回报

对帮你转介绍的客户必须要给予回报，哪怕你回报他的不是金钱，只是一个小的赠品，或者是生活中帮他一个忙，都是我们做人做事应该做到的。想要关系可持续，就要有来有往，有进有出。

如果你不给人回报，那他有可能以后就不会支持你了，即便支持，力度往往也没有那么大，这也是人情世故的一个体现，让人提供帮助你总得给人点动力或回报吧。除了你的至亲至爱，没有人愿意平白无故不计回报地去帮助你。所以，对提供转介绍的老客户必须要有所回报。

转介绍的 8 个步骤

我把让人转介绍拆解成了 8 步，这是本节最重要的一个部分。

第一步：确认产品好处

再次让眼前的老客户确认产品的好处。因为只有他认为好，他的转介绍才站得住脚，你心里才更有底气。

第二步：以低门槛切入请求

一次不用让他介绍太多，有 1～3 个新客户就可以了。如果一上来你直接跟对方说"您能帮我介绍 200 个客户吗"，会把对方吓傻。所以，你可以跟对方提，"您能不能帮我问问您周围的两三个朋友，给我转介绍一下？既然产品这么好，咱们也把这件事情跟他们说说，买不买不重要，重要的是今天有这么好的机会，也算给他们提供一个信息，也算帮他们忙。"一次 1～3 个，转介绍的压力就很小，对方往往都是能接受的。

第三步：向老客户了解新客户

如果对方给你转介绍一个新客户，你就必须要对新客户提前有充分的了解，最好的了解途径就是找帮你转介绍的这个老客户，因为他介绍的都是自己周围的人，对于他来说是最熟悉的。

第四步：确认新客户的需求

跟老客户确认产品对新客户有帮助！你了解了新客户的背景之后，就知道产品的特点跟新客户的需求有哪些契合点，那么你在这方面就可以让老客户认识到，正好这产品对他朋友有帮助，正好能解决他什么样的问题，老客户给你转介绍的动力会更足一些，因为他确实觉得：我把这项产品介绍给我的朋友就是在帮助他。

第五步：由老客户告知新客户

最好请老客户给新客户打电话，把好消息通过老客户告知对方，而不是直接要到新客户电话自己去联系。因为如果你自己去联系，显示的是陌生号码，那么对方接到的第一时间会有一定的抗拒感，因为我们每个人都会接到很多骚扰电话，更何况你本身就是卖东西的，这样就不叫转介绍了，那就和陌生拜访、电话营销没有什么本质上的区别了。

所以我们如何给对方留下更好的第一印象呢？那就是请老客户直接给新客户打电话，你在旁边就可以了，或者直接让老客户给新客户打个招呼，起到一个信任背书的关键作用，之前的章节里也讲过，成交最重要的环节就是建立信赖感，这就是转介绍的核心所在。

第六步：向新客户赞美老客户

你和新客户第一次电话交谈或者第一次见面、拜访时，一定要赞美老客户。比如说，老客户联系上新客户之后，你就在他旁边，当时你接过电话之后便可以在电话里，针对这个老客户，进行一番赞美。这是会做人的体现，人捧人高嘛，老客户会很有面子，新客户也会觉得你这个人挺好相处的，并且也可以给新客户暗示，你和老客户之间的关系可能不一般，你值得信赖。

第七步：约见新客户

约时间、地点见面细聊，我们不要指望一通电话就能搞定所有的新客户，任何的直接让对方产生购买的行为，最好是进行面谈，尤其是大客户销售，你可以在电话里跟对方约具体的地点和时间，然后回头见面细聊。

第八步：向老客户汇报新客户的情况

向老客户汇报和新客户的进展情况，就是你在见新客户之后，包含后期跟进过程中，如果和新客户确实有了进展，你要适时地向老客户进行汇报。一是为了获得老客户的继续支持。二是表示你吃水不忘挖井人，你之所以能够跟新客户取得进展是源于老客户提供了帮助，老客户也会感觉得到了充分的尊重。三是让老客户有一定的知情权，有一定的安全感，因为他在给你推荐新客户的时候，也担心后期的发展会不会顺利，会不会因为产品不适合或其他原因得罪了自己的朋友和销售人员，等等，他会有很多的顾虑，所以要让他知情。

以上就是让人转介绍的 8 个步骤，抓住这些要点，你也一样能靠已有资源重新打开局面。

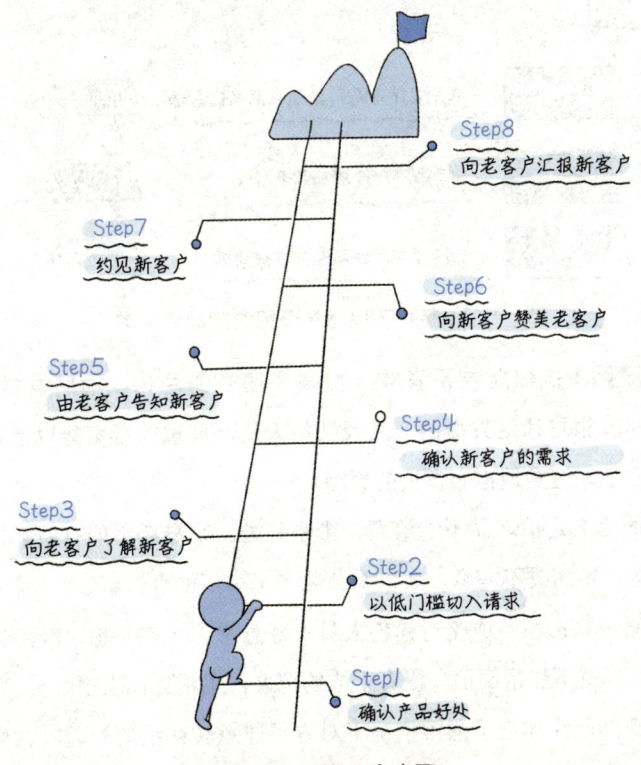

Step8 向老客户汇报新客户
Step7 约见新客户
Step6 向新客户赞美老客户
Step5 由老客户告知新客户
Step4 确认新客户的需求
Step3 向老客户了解新客户
Step2 以低门槛切入请求
Step1 确认产品好处

实现转介绍的 8 个步骤

分析客户不愿意转介绍的原因

并不是每个客户都愿意转介绍，我们必须要搞清楚客户不愿意转介绍的原因是什么，才能对症下药。一般情况下，客户不愿意转介绍的原因都有哪些呢？

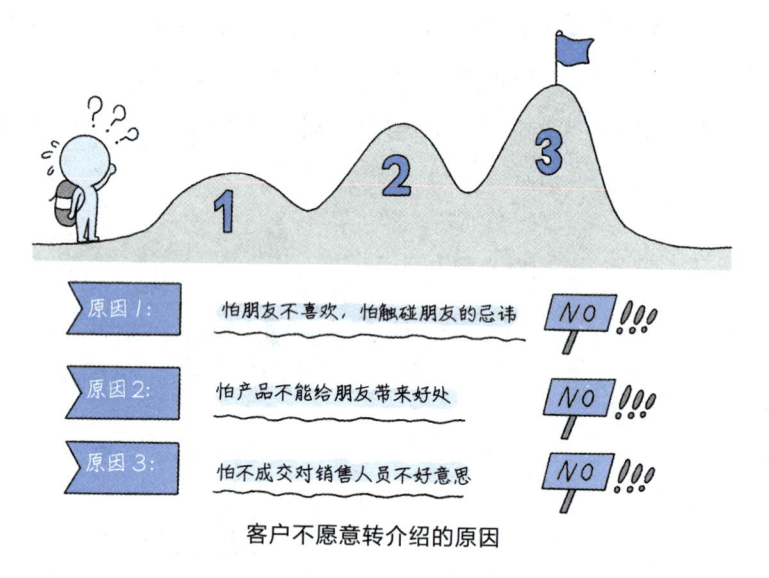

原因1：怕朋友不喜欢，怕触碰朋友的忌讳 NO!!!
原因2：怕产品不能给朋友带来好处 NO!!!
原因3：怕不成交对销售人员不好意思 NO!!!

客户不愿意转介绍的原因

原因1：怕朋友不喜欢，怕触碰朋友的忌讳。给朋友推荐了，万一朋友很忌讳这方面的产品或销售人员，严重的话可能以后连朋友都做不了，这是他担心害怕的原因之一。

原因2：怕产品不能给朋友带来好处。怕最后不能有效解决朋友的问题，怕朋友不满意，所以，情愿多一事不如少一事。

原因3：怕不成交对销售人员不好意思。人家在想，既然你让我帮忙，我就不能帮倒忙，没有十成的把握，也怕让你失望。

既然已经知道了通常情况下对方不愿意转介绍的原因，就要提前做一些功课，以方便说服对方帮你转介绍。比如说提前了解他的朋友，了解他朋友的一些背景，有无忌讳、需求等。同时，如果老客户怕对销售人员不好意思，你也一定要让对方放心，让对方认识到就算推荐不成功也无所谓，能帮忙推荐，已经很让人感激了。

如何解除客户在转介绍上的疑虑

既然知道了客户不愿意转介绍的常见原因，是怕朋友不喜欢、怕触碰朋友的忌讳、怕服务不能让朋友满意等，那我们如何解决客户这些常见疑虑？在这里给大家提4条建议。

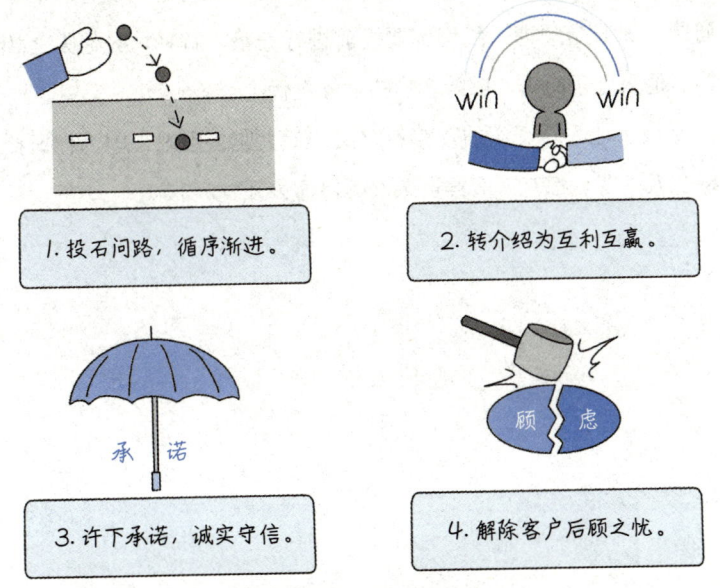

1. 投石问路，循序渐进。
2. 转介绍为互利互赢。
3. 许下承诺，诚实守信。
4. 解除客户后顾之忧。

解除客户转介绍疑虑的建议

建议1：投石问路，循序渐进。先试探对方的资源和意愿，不要太着急。如果你对老客户服务到位，对方很认可你甚至很感谢你，再让对方转介绍几乎就是水到渠成的事，所以千万不要给对方一种逼迫的感觉。

建议 2：转介绍为互利互赢。明确告诉对方转介绍是对双方都有利的。对新客户，解决了难题，相当于老客户帮了个大忙；对老客户，相当于一次性帮助了我和新客户，赚了两个大人情，还可以得到我给的某种好处，达到了互利双赢。

建议 3：许下承诺，诚实守信。多数的抗拒，来自不确定。如果你能论证确实能在帮他朋友的同时也帮了他，他就比较容易有信心，所以，就是一定要给他信心，同时向他表态，让他相信你的服务一定会令他的朋友满意，并恪守承诺。

建议 4：解除客户后顾之忧。就是针对常见问题以及客户的个性化问题，尤其是顾虑，我们都要提前进行铺垫式解释，先他人之忧而忧，后他人之乐而乐，解除客户的后顾之忧。

掌握了让人转介绍的规律和方法，就大胆去用吧，因为你所接触的每个人，背后都有一大群资源，等待你去开发。

12 | 服功：跟进售后服务

既然任何一个行业都要激活消费这一环，那么从这个角度来说，所有的行业都是服务业。其实所有行业都在为消费者提供服务，服务也一直是影响消费最关键的因素，因为它直接接触消费者，并给其最直观的体验。

上一节我们提到，**好的业绩模型是 70% 的业绩来自重复消费和转介绍**。无论是企业还是个人，其服务能力往往决定着消费者的持续消费水平和传播水平。尤其是销售主导型企业，服务能力往往决定着企业的可持续发展能力。

服功就是服务的功夫。任何销售行为，都不是简单的买与卖，我们成交了之后还有售后服务。尤其在产品过剩的今天，如果想获得客户的认可，就要拼服务。所以，修炼服务的意识和能力显得尤为必要。服务的过程一定程度上也是和客户沟通交际的过程，当客户出现不同的反馈，我们也自然要选择不一样的沟通方式，即服务模式。

重新拆解服务

- 好的服务，往往能让你接触到的人成为对你有用的 3 种人：

    （1）能帮忙的朋友。工作之外，也能互助。

    （2）能做事的代理。帮你推广，互惠共赢。

    （3）能声援的客户。关键之时，为你站台。

想做到这些，到底靠的是什么？一定是能赢得人心的服务。

就像海底捞火锅店，你能想象得到网友着了魔似的给它到处写好评，把那些难忘的服务细节传得全网都是吗？俗话说：好事不出门，坏事传千里。而如果你在百度搜索"海底捞"，你会发现有无数网友默默地在做文字"雷锋"，没拿海底捞一分钱，却都在为它"歌功颂德"。具体细节咱就不举例说明了。有人总结海底捞服务的精髓，就是"在顾客要求之前"服务。简单来说，就是想在顾客前面，做在顾客前面。其实这何尝不是我们所有销售从业者的服务标准。

我认为，服务至少有两个标准：

基础标准： 服务就是"务服"——务实地做到让客户心服口服。

高级标准： 服务就是能增强人的内心满足感、优越感、幸福感的务实技术和艺术。

由此可见，**服务，讲究务实的态度，讲究用心地照顾感受，也要讲究方式方法。**

- 服务，即 Service，我们拆解来看，也许更容易理解服务的标准。

  S——Smile　微笑（让人如沐春风）

  E——Energy　活力（让人情绪活跃）

  R——Revolutionary　创新（给人意外惊喜）

  V——Valuable　价值（给人超值感受）

  I——Impressive　感动（让人深受感动）

  C——Communicate　沟通（充分双向沟通）

  E——Entertainment　厚待（厚待强化尊重）

如果以上每一条都算一颗星，那对照以上标准，你感觉自己提供的是几星级服务呢？当你修炼到七星级服务时，相信你已经是大咖级人物了。

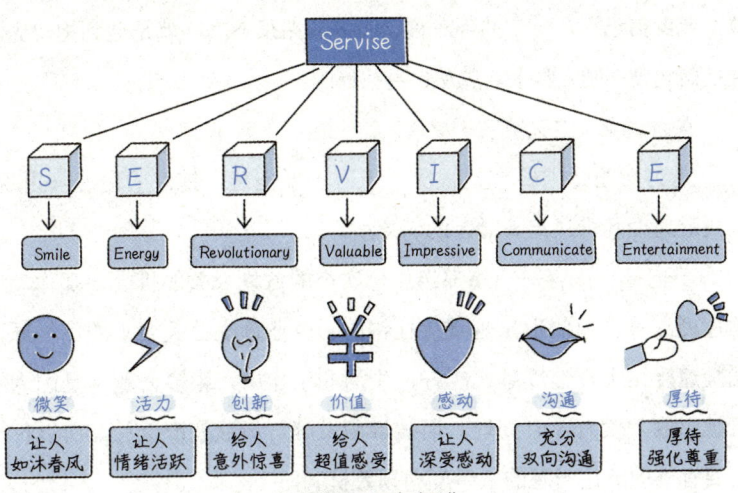

```
                    Servise
    ┌────┬────┬────┬────┼────┬────┬────┐
    S    E    R    V    I    C    E
    ↓    ↓    ↓    ↓    ↓    ↓    ↓
  Smile Energy Revolutionary Valuable Impressive Communicate Entertainment
```

微笑	活力	创新	价值	感动	沟通	厚待
让人如沐春风	让人情绪活跃	给人意外惊喜	给人超值感受	让人深受感动	充分双向沟通	厚待强化尊重

拆解售后服务标准

做服务，当顾客有抱怨的时候，你该怎么办

做服务，是一个细活，难免会有遇到客户不满意或抱怨的时候，而在这种时候，我们到底该怎么办？一味解释或逃避不理肯定都不太合适。在这里，给大家提供3个关键词。

关键词1：端正态度

端正态度，就是你要认识到，有人抱怨不是坏事，要正确面对，这是能发现问题、自我修正的机会。抱怨的客户不见得是坏客户，排除极个别的情况，对大部分抱怨的客户，只要你把他的抱怨解决好，他很有可能会成为忠诚客户，解决不好很有可能还会出大麻烦。

所以，我经常强调：**服务，就是服务人的心，人心暖了，一切都会顺畅。**而如果我们回避抱怨，有时越回避，猜忌越大，误会越大，事情有可能就闹得越大。

所以我们要拥抱抱怨，抱怨是我们解决冲突的契机。我们要端正观念，用心并且高效地去解决，因为对方抱怨一定是因为我们的服务没做到位,或者信息存在一定的不对称。所以,端正态度,就是遇到抱怨先不要把问题归在别人身上,先从自身找原因。

关键词 2:立刻解决

遇到问题必须要立刻解决,千万不要拖延,抱怨的情况一出现,解决的速度几乎决定着对方的满意度。

若把每一次客户抱怨都当作一次小的危机公关的机会,那你反应的速度跟你公司的形象是直接挂钩的。企业危机公关要求的第一原则就是速度至上,速度越快越好,生活和工作中,很多问题都是因为缺乏敏感度,没有及时处理,而被堆积发酵,最后变严重的。所以你一定要有立即解决问题的敏感度和预警机制。

比如说有些企业因产品问题被曝光之后,第一时间通过官方的发布渠道去公开应对这件事情,这是非常明智的!有些明星也会出现各种情况,之前周杰伦为保护粉丝,演唱会现场大骂保安"滚出去",事情发生后,他意识到问题,就及时地专门录视频在微博道歉,此事还得到了央视的好评:知错能改,是个优质偶像,值得被这么多人喜爱。这就是立刻解决的效果。

关键词 3:超越期望

你不仅要把客户反映的表面问题解决了,还要把更深层次的客户没反映的问题解决了,拿出你高水平的解决方案,不仅让对方满意,还要超出对方预期,让对方真正地佩服,甚至有一定的亏欠感。

所以,解决抱怨,绝不能敷衍,哪怕是源于对方的误会,我们也要拿出 120% 的耐心,让他不仅理解并接受,还能感受到得到了额外关照。所以,我们要想办法超越期望地去解决抱怨,这样的话,我们才能够赢得更多人对我们的支持和更多的口碑传播。

在这里,我可以讲一个我亲身经历的危机事件。前些年我受邀到一家外地机构去讲课，首轮服务课结束后，却迟迟得不到我应有的课时费。到后来，直到学生找我反映，我才知道，那家机构的负责人卷钱跑路了，收了钱不仅没给讲师结算，也不提供后续服务了。我顿时意识到那家机构的这种行为涉嫌诈骗，虽然我也是受害者，但学生更无辜。很多人劝我不要多管闲事，但我不能不管，并且还用最快的时间向那边能联系上的学生表明了我的态度：

（1）我身为没拿到任何回报的受聘讲师，也跟大家一样是受害者，愿无条件支持并配合大家维权。

（2）维权所得悉数归学生所有，我不要一分钱。

（3）我后续的课程永远对他们免费开放。

（4）当年没上完的课我自担成本给他们开集训营。

我的及时反应，不仅让学生们看到了我为他们的利益积极面对问题的态度，也让大家感受到了我付出劳动并额外牺牲的温度。虽然我为此又额外付出了一些代价，但至少让当时那些学生的损失降到了最低，我也因此获得了更好的声誉和支持的力量。后来免费来参加我集训课程的那些同学们给我写的一封封感谢信，到现在都是我诚信处事的最有力见证。

所以遇到抱怨我们一定要做到端正态度，立刻解决，超越期望。

1. 端正观念　　　2. 立刻解决　　　3. 超越期望

解决顾客抱怨的方法

当顾客没有抱怨的时候,你又该怎么办

如果顾客确实没有抱怨,我们又该怎么办?我们应该站在另一个维度去思考,我们怎么做,才会让对方更加满意,从而愿意持续性复购,或传播好的口碑,或为我们转介绍呢?

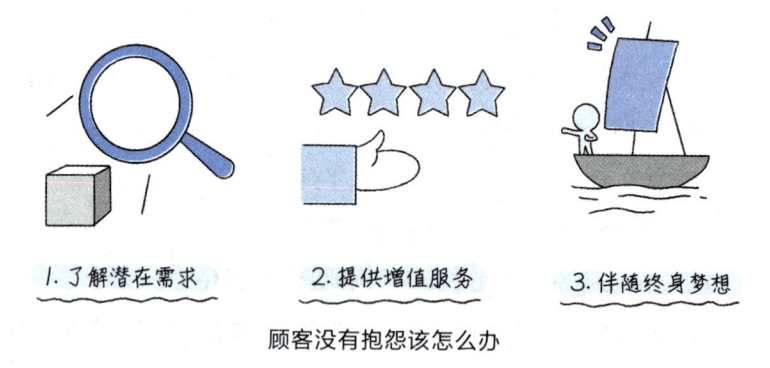

1. 了解潜在需求　　2. 提供增值服务　　3. 伴随终身梦想

顾客没有抱怨该怎么办

1. 了解潜在需求

对方买你的东西算是有显性需求,但对方还有哪些潜在需求没有得到满足,我们要多了解一些,了解到了之后,就算我们没有最好的解决方案,也可以帮对方推荐一些自己认识的渠道,我们这些额外的用心,一定会让对方很感激。

2. 提供增值服务

不要光提供完产品服务就认为完事了,因为那只是你和顾客之间微不足道的一层关系,我们还要想办法多提供一些其他的增值服务,努力跟客户保持长久多重的关系,这样客户才会在未来给你提供更多的反哺价值。

3. 伴随终身梦想

争取和顾客共同创造新的价值。因为每位顾客都有自己的职业、人脉、资源和经验,你要经常想想,你们能不能与顾客资源互补,帮

助你的顾客去发挥他的其他潜力。比如说发挥他的一些人脉价值或者是人力价值，然后让你们产生更多的合作，这样，你既帮对方打开了一定的财路，又有利于自己事业的发展。所以，要争取和对方成为新的利益共同体，以获得更大的助力。

就像我们的学员，经过我们对他们创业及就业技能的历练和对实习实践机会的推荐，待他们即将毕业时，有些人会就业，我们有优质企业资源库为他们进行内推；有些人会创业，我们又有创业孵化器，可以为他们提供资金、经验、人脉、渠道、场地等多方面支持，以帮助他们成功。而无论是就业还是创业，他们的成功又会给我们带来不错的回报，比如走进大中型企业尤其是500强企业就业的学员，会愿意回来给我们的学生义务指导和内推，而创业成功的学员又可以不断地带动后期的创业型学员少走弯路。

后来我们也打造了基于学员群体的精英人脉圈，让这些人脉一脉相传，生生不息。满足其长远的潜在需求，伴随他们的终身梦想，由利益共同体升级到命运共同体，只有这样，事业才更容易持久。

所以这就是没有抱怨的时候，你应该去思考的3个维度：**了解潜在需求、提供增值服务、伴随终身梦想。**

让顾客感动的4件事有哪些

我经常提醒学生，做人要让人喜欢，做事要让人感动，这是我们与人打交道的应有标准。作为一个服务工作者，更应该懂得如何去打动顾客。那么，值得我们重视的打动人心的小技巧有哪些呢？

1. 利用顾客占小便宜的心理

不要不舍得，你要经常给你的客户一些小恩小惠，提供一些暖心的服务，在互惠原则的驱使下他们也会在适当的时候反哺你。就像每个人去商场吃饭都会遇到等餐的情况，大部分餐厅能给你提供一把椅子就不错了，而在海底捞的等餐区你永远会看到暖心的饮料、瓜果和棋牌，等候时间长的甚至还能额外收到小礼物。相比之下，这样的服务真的很难让人不做回头客，其实这一点点成本，相对于顾客的长期消费和口碑传播，又算得了什么呢？

　　所以，在成本可控的情况下，可以经常让顾客有点额外享受和服务，或送他点赠品、福利或是体验特权等。

2. 主动帮助客户拓展事业

　　客户也有自己的事业，如果你能够让对方借力你的渠道，或者相关的人脉资源拓展他的事业，那对方一定非常感动，他早晚有一天也会反哺你，这就是事业上的相互照顾。

3. 主动关心顾客及家人

　　诚恳地关心客户及其家人，比如在由浅入深的交往中，除了交易，你也要关注客户的生活、思想、感情、状态，甚至关注他的至亲至爱，你能真心以待，对方迟早会感受到，也一定会被你感动。

　　比如你在聊天中不经意地了解到对方家里人遇到了什么问题，你私下花时间托关系帮对方家人解决了；再比如你在他的家人生日的时候，提前以他的名义给他家人买一份有纪念意义的礼物，他的家人一定会很感动，而这种感动会传递给他，他会反哺你。这就叫**你照顾了他的生活和情感，他就会照顾你的生意和业绩。**

4. 做与产品无关的服务

　　除了产品相关的服务之外，我们要学会做与产品无关的服务，不要认为这是傻，这叫大智若愚。不要只把客户当作提款机，你若像对待亲人、对待挚友一样去对待他，不断为他付出，甚至让他有离不开你的感觉，你还用担心没有业绩吗？

所以当你不断做这些的时候，放心好了，未来一定会得到更多客户的支持，客户的反哺甚至有可能大过你的团队。

1. 利用顾客占小便宜的心理　　2. 主动帮助客户拓展事业

3. 主动关心客户及家人　　4. 做与产品无关的服务

能让顾客感动的4件事

售后服务的终极忠告是什么

服务就是服务人的心，所谓"得民心者得天下"说的就是这个理。如果你不做，你的竞争对手时刻乐意代劳，谁更有服务意识和服务水平，谁就会拿走更多的市场信任和份额。有朋友可能会问，会不会有客户钻空子呢？

我的回答是，当然会！美国最大的卖鞋网站zappos，最初在网站上打出的口号是：365天内，可无理由退换货。即使每年都有很多人占他们便宜，但他们也没有因客户占小便宜而死掉，这看似傻傻的承诺给了市场和投资者极大的信心，以至于他们逐步做强做大。

　　占便宜的人永远存在，你永远挡不住，也不需要刻意在意！想做更大更久的事业，就记住了，爱你的顾客，就可以百分之百成就你，占你便宜的顾客，永远无法让你破产。这就是我送给你的终极忠告。

　　我也经常用这句话提醒自己。当你也有这方面的格局、胸怀和眼界的时候，你就永远不愁生意做不好，就像我做任何产品，至少把这个产品的干货给大家拧得够干，并且我推出的性价比都更容易让人接受。除了这方面的服务，我还会有很多的系列活动提供增值服务。所以听过我的课的顾客基本上在我推陈出新的时候，也愿意继续支持我。放心好了，那些爱你的顾客就足以成就你，陪伴你，你也会成为伴随他终身梦想的人，你们会成为长期的合作伙伴。

● 除了以上的终极忠告，在"服务"上，我最后奉上5句话：

（1）开发一个新客户的成本大概是维护一个老客户成本的6倍。

（2）每个客户都可能是我们终身的伙伴和一大片的市场。

（3）销售就是服务，铺心比铺货更重要，用心服务是最好的销售。

（4）所有行业，其实都是服务业，谁掌握服务谁就掌握财富。

（5）站在任何一个企业和人的发展角度来看，未来的竞争一定在服务上。

CHAPTER 3

第三篇

如何谈判才能立于不败之地

13 | 虚功：务虚求实

谈判作为一项商业场合必不可少的环节，跟销售、演讲、辩论都不一样。谈判不仅是一个技术活，更是一种谋略的博弈，比如虚张声势、借力打力、以退为进，等等。这一节，我们就好好聊聊虚张声势的功夫，简称虚功。

为了提高大家这方面的能力，我给大家介绍 4 个虚功策略。第 1 个叫狮子大开口，第 2 个叫情境力，第 3 个叫专业力，第 4 个叫惩罚力，这些都是我们在谈判的时候应该用到的策略。

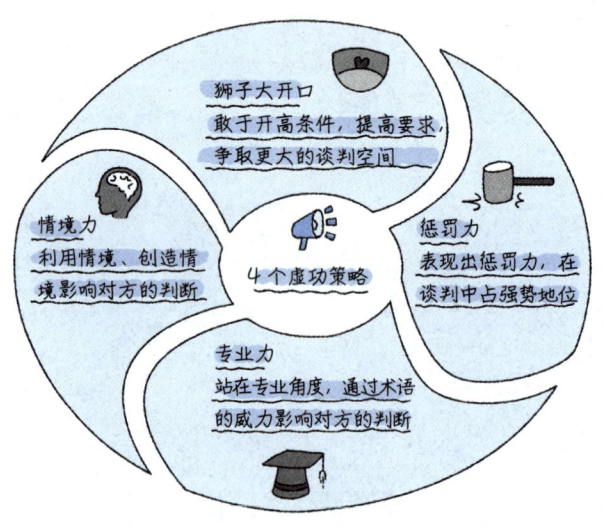

虚功的 4 个策略

策略 1：狮子大开口

狮子大开口就是要敢于开高条件，提高要求，以争取更大的谈判空间。谈判跟销售不一样，销售更重前半程的铺垫说服，像攻坚战；而谈判更重后半程的角逐施压，像拉锯战。谈判往往是双方都已经有合作意向，但还想为自己争取更多利益，所以，狮子大开口往往能为你和对方之后的谈判留有足够的议价空间。

1. 商家角度

给大家举个例子，比如你是卖家具的，别人想买你的家具，当他问到价钱时，你说 3000 元，其实你的最低承受价也就 1800 元，你给自己留了 1200 元的议价空间。然后你只要能牵制住对方，跟对方一直谈，最后谈到 2000 元，那你就能多赚 200 元，本来 1800 元的价钱你就已经赚钱了，而你上来报了 3000 元，在整整让步 1000 元的情况下，对方也感觉好受。因为他觉得他自己赢了，通过谈判，在 3000 元基础上减了 1000 元，实际上你也赢了，这就是狮子大开口的意义。

这是站在商家的角度，其实站在顾客角度也是一样。

2. 顾客角度

为了谈判效果，顾客也要学会狮子大开口，当对方报价 3000 元时，你的第一回应也一定要让对方意想不到，要狮子大开口式地还价。你可以想一个比预估成交价还要低的价格跟对方回应，并做好杀 3 个回合的准备。比如你一上来就说："怎么可能？我朋友之前给我介绍一个跟它同款的，也就 1000 元钱。"虽然这样会令对方觉得你说的价格有点过分，但是这样的话，你们之间就多出了很大的谈判空间，接下来随便砍，彼此都会有一种赢的感觉。为什么呢？因为对方最后不管是以 2000 元的价格还是 1800 元的价格卖给你，他会有赢的感觉。而你也一样，有足够的谈判空间去实现最终的目的。

为什么要狮子大开口呢？

原因 1：万一对方答应了呢？万一你遇着了呢？你不就相当于多赚

了不少钱嘛。

原因2：争取谈判空间和利润空间。你要记住，你不狮子大开口，对方也会。谈判桌上就是这样，双方必然会有讨价还价的过程。你若总是被人打还不还手，就会"死得很惨"。人家先高开条件，你就很被动，以至于很有损失感。

原因3：高开条件容易塑造产品价值。比如卖家上来开高价，还会给对方一种产品有价值的感觉，价格高往往容易让人联想到价值也高，客户会因为你的产品定价高而产生产品价值高的联想。

原因4：不会造成谈判僵局，因为有足够的空间，一切好商量。不过也有一些时候，狮子大开口就是为了让对方为难，对方无法接受那个价格时就会想办法去请示自己的决策人，这就是通过狮子大开口逼对方决策人现身。你接下来跟决策人之间直接进行谈判，利于谈判决定的达成。

原因5：狮子大开口可以因你的让步，而让对方赢得面子，当然你也赢得了利润。不过你还是要让对方感觉他赢了，同时一定要夸对方："你真能砍价，真会谈判，我从来没遇到过你这么有能力的对手，砍得我们都没得赚了，不过，出去可不能告诉别人你是这个价钱买的啊。"对方听到这些话一定会很爽。

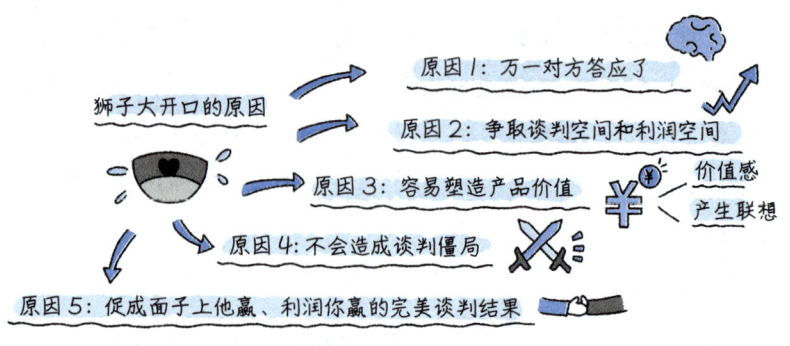

对方狮子大开口的原因

> ● 那么我们还需要注意哪些事项呢?
> （1）狮子大开口的价格要有一定的弹性空间。
> （2）万一对方上来就接受了，千万别被吓着，该办手续办手续。
> （3）不要因为心理原因而导致谈判不过关，要记着谈判就是在商言商，狮子大开口其实是一种谋略。

策略2：情境力

情境力就是我们要学会利用情境或创造情境去影响对方的判断，从而起到一种虚张声势的效果。造势谋局是谈判谋略中很重要的思维。有些谈判高手在跟人交流的过程中，经常会见缝插针地提人提事。谁谁谁跟我们什么关系，我们正和什么单位准备搞什么活动，他提到这个谁谁谁和什么单位往往是比较权威的，听到的人就很容易根据他提到的人和事来联想他的实力，这就是通过设定的情境来影响人。

我们在谈判的时候要选择场合去谈判，这是非常重要的，利用情境力去给对方施压。所以有些企业谈判时，为了让对方觉得自己有实力，会在高档的场所会客，或者会把自己的办公室装修得非常豪华，连坐的位置和规格都会有不一样的要求。

当然，实在没有应景的情境，也可以虚构设置出第三方情境。比如说你想跟对方压价，你就可以说："我跟你们同行了解过，你们这个行业利润其实可以达到30%以上。"对方会觉得你背后有人。这就是情境力，我们要能够虚构出一种情境，让对方心有忌惮，从而做出一定的让步。

> ● 从3000元杀到1000元的商场买衣经历
> 有一次老婆想买件皮衣，拉我去皮革城替她砍价。刚到商场，发现之前的一批商家都搬迁到别处了，只剩下几家还在营业。由于

我们当时到得比较晚，还有半小时商场就要关门了，她还没看到中意的。本想着改天换地方买，没想到来到最后一家，试了一件，一下子就相中了。我老婆不好意思也不善于跟人砍价，接下来就是我跟老板娘砍价实录：

我：大姐，这件皮衣怎么卖？

老板娘：平时卖3200元，今天快关门了，诚心想买的话，3000元钱拿走。

我（拿着皮衣，面带着懂她的微笑）：姐，不瞒您说，这店里也没外人，我哥们就是干这个的，去年还在这有个店，你看我来之前还给他打过电话（顺势给她展示电话簿里皮革城王哥的名片），今年他搬走了，但还叮嘱我要真有相中的，给他发图片，他基本也都能帮我搞到。可是我也不想麻烦他，不过你们这行什么内情我也都清楚，兄弟我肯定不能让您赔了，您要能交兄弟这朋友，来个一步到位的，以后兄弟也帮你多推荐推荐。

老板娘（我摆出的情境，让她变得不太自然）：唉，你既然这样说，你不行就给2000元吧（天哪，少了1000元，大家是不是很惊奇？精彩的还在后面呢）。

我（坚定地把衣服往她面前推了推）：姐，您还是不把兄弟当朋友啊（意指她还是不够实在，没给我底价）！

老板娘（有点慌又有点急，仿佛被看透说中了似的）：大兄弟，我可从来没卖过这个价啊，不信你去市场上打听打听，要有低于这价的，我白送你！

我（仍然淡定，又给她摆出一情境）：我相信您没"卖"过这个价，我刚从那边转过来，一老板跟我说了跟您一模一样的话。所以，我们今天不说市场上多少钱"卖"，如果您觉得兄弟这人还不错，我们交个朋友，给兄弟"挡"上一件，别赔了，多少钱？我们俩加个微信好友，您把您家名片拿来，我回头帮您宣传。

老板娘（仿佛又被我的情境影响了，莫名其妙拿手机加微信）：兄弟，既然这样了，你哥们那边也都挺清楚了，那你直接说个价钱吧。

我（显得很内行一般）：按你说那2000元的话，我哥们肯定能批三件，当然料子上可能确实有些差别，但没那么大（摸着衣服，故作很懂的样子）。不过您这还有房租、运费等各种成本，弟弟不能让您赔了，凑个整，1000元，要成，弟弟现在就给你微信转账。

老板娘（面露难色，想让我加点）：弟弟，这价是真卖不了，1500元，行不？你让姐姐别赔太多！

我（知道能成交了，所以坚定得很）：姐，您要真把兄弟当朋友，您就不会再说这些见外的话。您要再这样，兄弟以后再也不带人来了，这都快下班的点了，您这是逼我找老朋友去买啊（说罢，把衣服放她手上，故作想要走的样子）。

老板娘（拉住我，忙解释）：我不是那意思，就是这衣服跟你以前买的肯定不一样，你多少再添点，添200元，也算照顾姐姐生意（很没有自信的样子）。

我：姐，咱俩虽然第一次见面，但我一眼就看出您也是实在人，跟我以前那哥们一样，厚道，您要把兄弟当朋友，咱俩又何止这200元的交情，放心吧，弟弟不会就让你就赚这200元的，我身边朋友那么多，有需要的肯定都往您这推啊，放心吧，以后你肯定会感谢我的（我双手抱住她的手，用坚定的眼神传递了我的感谢和信任）。来，多给我来几张名片，我见朋友也都发发。我现在给您转钱。

在我假设成交的架势下,老板娘开始给我打包。

既然这衣服一定要买,我老婆不善谈判或不好意思谈判,就得花3000元,而我用了情境力等谈判策略,只花1000元,只用了不到10分钟,省了2000块钱,相当于赚了2000块钱,这也许是大部分人好几天都不见得能赚来的钱数。所以,好好学习谈判的每一招吧,因为谈判是赚钱最快的手段之一。

就像谈判大师罗杰·道森曾说的那样:"谈判而来的每一分钱,都是净利润。"没错,这正是做生意的人最应重视谈判能力的原因。

策略3:专业力

先来一道实战题目,这是一个著名的社会心理学实验,有以下3个选项,你们猜猜哪种答案是正确的?

> ● 法庭陪审员最容易受哪种人说服?
>   (1)说话简洁明了的证人。
>   (2)说话时用令人难以理解的术语的证人。
>   (3)讲述内容有说服力的证人。
>   (请仔细思考,再往下看参考答案)

真正的答案是第二项,既不是简明易懂的证人,也不是有说服力的证人,而是使用令人难以理解的术语的证人更易影响人。

由此可见,一个人能够站在一个专业的角度,通过术语的威力,更容易影响人的判断。比如,想让一个人注意身体,你说再多忠告,都不如医生的一句吓唬,因为医生会拿一些专业的医学术语跟他谈身体的某些病变,他听完之后自然就会比较紧张;同样是劝阻,父母说再多忠告,都不如律师一句吓唬,因为他们会用法律法规的术语让你害怕。所以说,专业力是我们谈判过程中的一项很重要的筹码，我们人人都要学会使用它。

通过专业的形象和表现，给对方制造一定的压力，往往能让对方做出让步。

像医生、律师或金融家等，为什么他们说的话会对别人产生一定的影响呢？因为他们的职业就决定了他们比较专业，再加上他们说话时用的专业术语，自然会让不懂的人受影响。所以这个世界上有这样一个规律：专家即是赢家，而最终赢家通吃。

1. 自己要成为专家

我们要想在谈判上占尽优势，首先要成为这方面的专家，不仅在谈判技术上要足够娴熟专业，还要在自己的专业形象、合作方案、产品演示的熟练度等多方面，都要表现得足够专业。人人对自己不懂的领域都有一定的恐惧和顺从。所以越专业，我们越能够影响对方。

所以，我一直建议大家通过不断深造，让自己在不同的领域都能吃得开。其实还要提醒大家一句话，就是懂得多也要说得明白。一定要记住，不仅要学谈判力，还要不断巩固以前所学的交际沟通、销售说服等功夫，懂得多，说得明白，又说得专业，你就自然能在谈判中占主导作用。

2. 与专家一起谈

如果你马上面临谈判，自己又不够专业，为了不被人忽悠，甚至还要震慑对方，你可以携带专业的人跟着自己一起谈，你相信专家的专业性，这足以让对方做出更多的让步，从而为你争取到更多的利益。

3. 不卖弄专业

专业本身就是一种筹码，但不要卖弄，对方会因为你的卖弄而反感。比如说，有些留过学的人在与别人交流时，会时不时夹杂几个英文单词，有时候真的是一件让人很反感的事；或者我们在平常朋友的交际场上，动不动就卖弄一些专业术语、生僻词汇，这也很容易让人反感。谈判时也一样，虽然专业是谈判的筹码，但专业和卖弄永远是两回事。卖弄不好，反而容易激起对方的反感情绪。

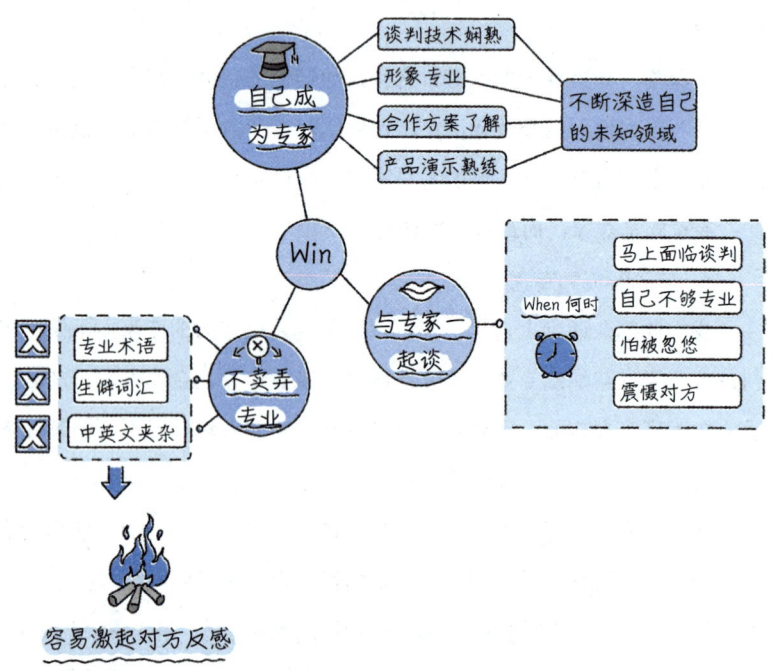

如何让自己有专业力

策略4：惩罚力

你若能表现出对对方有一定的惩罚能力，自然在谈判中是占强势地位的。最典型的例子就是当警察把你叫住时，你是不是很紧张？比如说警察拦住你，让你出示驾驶证，然后他检查你的车，看看有没有违禁的东西。在这种情境下你或多或少会有一种紧张感。这就是惩罚的威力，谈判也是如此，当一个人能对另一个人有惩罚权时，自然会占据谈判上风，所以，员工单独跟老板谈判，少有成功的。那怎么用好惩罚筹码呢？

建议1： 惩罚分为剥夺、使承受和使得不到。如果你具备一种剥夺或收回对方某些权利的能力，你就能让对方妥协。比如在有限时间内若创业者做不到多少目标，投资方就全额撤资或转为控股股东，这就是剥夺；若还有索赔条款，就是使承受了；若在整个行业对此创业者启用禁入机制，就是使其得不到同行业其他公司的帮助。其实很多领域都有这些谈判筹码，包括职场。比如电视剧《猎场》里郑秋冬被拉入人力资源黑名单的处理，让他真的是血本无归。

建议2： 提前想好你能制约对方的几点理由。你在跟客户谈判前，建议你提前写好如果客户不跟你合作，或者一直不妥协的话，他会后悔的几个理由。你提前想清楚的制约手段越多，你就越能有效制约对方。

建议3： 惩罚力和奖赏力结合发力。惩罚力和奖赏力哪个力量更大呢？人们逃避痛苦的动力远大于追求快乐的动力，所以一般情况下惩罚力的力量更大，我们不仅要会"加深痛苦"和"放大快乐"，还要将惩罚力和奖赏力两个力量一起用，只有这样，效果才会更好。

建议4： 实在没惩罚，就加其他筹码。实在没办法制造惩罚感，可以增加其他方面的筹码。谈判的时候会有很多筹码，刚才我们已经谈到了专业的筹码、情境的筹码。后面章节咱们还会讲到时间的筹码、资讯的筹码、拒绝的筹码、疯狂情绪的筹码等等。总之，筹码越多，胜算越大。

建议5： 忍耐惩罚也是一种惩罚力。不要把客户的拒绝当作对你的惩罚，你要表现出自己有实力、无所谓的一面。如果你表现得非常在意对方或者有一种求对方的姿态，那你就谈判失策了。

其实，忍耐惩罚也是一种比较有效的筹码，比如说客户以拒绝的方式，或者是以质疑的方式对你施压，建议你一定要学会忍耐惩罚。常见的忍耐惩罚的方式有很多，比如你可以放声大笑，可以很坦然地表现出自己不成交也无所谓，或表现出你看透对方的本质问题在哪，或直接指出对方其实是在用什么谈判技巧，会让对方在这样的情境下更容易让步。

在虚功这一节，我已经跟大家分享了 4 种策略，分别是狮子大开口、情境力、专业力和惩罚力。希望这 4 种策略能够帮你在现实生活中，提升你的谈判效果。

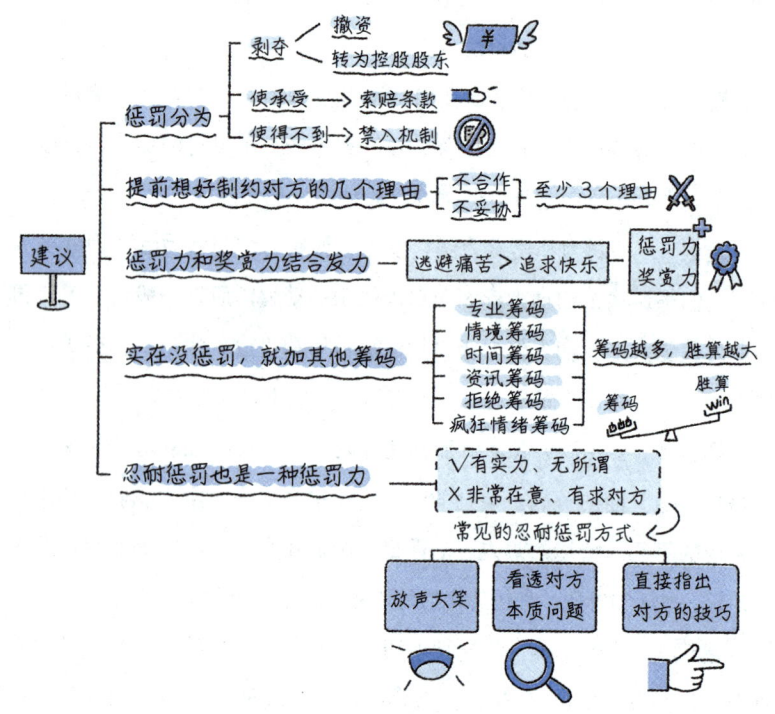

谈判中惩罚力策略的建议

14 | 疑功：质疑发难

上一节我们讲到了虚功的 4 项策略，不管是狮子大开口，还是利用情境力、专业力或者惩罚力，都是为了占尽谈判优势，那如果对手把这些策略用在了我们身上，我们又该如何破解呢？

在这一节，我们就好好聊一聊破解虚功的功夫，我把它叫作疑功，其实就是质疑发难的功夫。它不仅是对别人虚张声势行为的破解方法，同时也是谈判中常用到的谋略技巧。

质疑发难的功夫，换句话解释就是用质疑的态度和方法给对方施压，逼对方让步妥协。谈判其实是一种心理战，你不施压，对手先施压，他就占上风，你不质疑，对手先质疑，你就很被动，所以，质疑发难是谈判者为争取利益的必备技巧。

那么，当我们面对谈判对手的狮子大开口或者对方的一些不合理要求时，如何有效地质疑发难，争取自己的权益呢？在这里，我从 3 个方面给大家提一些有效的建议。**第一个方面是大惊失色的首现模式；第二个方面是应对虚张声势的策略；第三个方面就是启动资讯力质疑发难。**

第一方面：大惊失色的首现模式

首现模式，就是一上来就要表现出来的模式，更具体地说，就是指对方开完条件之后，你的第一反应就是要大惊失色。

大惊失色，就是表现出夸张、惊讶、不可思议、出乎意料的表情。因为这样做，往往会让对方想到他开的条件是不是有点过分了。同时，大惊失色其实本身就是一个谈判手法，一定要出现在对方刚开完条件的第一时刻。

因为你这样表现，会显得情绪很真，往往给对方的感觉就是"我想成交，但是你可不可以更真诚一些？"通过这个表情，要让对方感觉到他的条件完全超出了你的预料，并已让你觉得缺乏诚意了。这种表情和反应，够及时够自然，就会让对方内心有一定压力，在他自己提出的条件上会有所松动。这样不就正好达到目的了吗？

大惊失色，虽然看起来很傻，但是这招真的很有效。你表演得越逼真，对方就会越有心理压力。你的大惊失色还会让他觉得你洞悉了真相，看透了他的不纯，他会变得不好意思或趋于弱势。你的大惊失色还是会给对方造成一定的干扰，换个角度来理解，就是懂得一点表演技巧，还是非常有价值的。

曾有学员问我，"老师，在谈判的时候，为了目的而用大惊失色的表情来表演，有点过不了自己心理这关啊。"他觉得这不够真诚，可是真诚也是分人分情况的，还是那句话，既然是商业谈判，那就在商言商，知识方法本身并无正邪之分，为了结果，只要不坑人、不害人，应用适当的技巧，这不很正常吗？咱们讲的是技巧，该演的时候就是要演，哪怕逢场作戏，该表现还是要表现出来。

不过，大惊失色，有两点需要注意的地方。一是跟人谈判的时候，一定要过心理关，你才不会有破绽；二是要及时表现得自然真切，才有可能起到给对方施压、剧情反转的作用。即便是电话里跟对方谈也是一样，电话中该大惊失色时也要大惊失色，通过夸张的声音和语气，让对方感受得到你的质疑情绪。有时真的是一句话，就有可能让对方选择一定的让步，比如，"不会吧？太贵了吧？天哪，怎么可能？您这是要命的节奏啊！太离谱了吧？您开玩笑吧？"

大惊失色，从另外一个角度，就是让对方增加愧疚感，让对方变得弱势。就像商家面对顾客的还价，有时候就会大惊失色地说："啊？哪有你这样还价的？我进（价）都进不来！"店老板用生气的状态先压住你的士气，他料定你会回来，很多店老板阅人无数，从你进店那一刻，他就知道你是不是真的买家。

这就是大惊失色的首现模式，做得好，可以让别人对你的虚张声势无力应付。

第二方面：应对虚张声势的策略

面对谈判对手虚张声势地开条件，我们除了用大惊失色增加对方压力，还要掌握更多质疑发难的方法。下面先出一道场景应用题。

场景应用题：面对人家的狮子大开口，咱们还能怎么应对呢？

（请利用一些时间进行思考，再往下看详细解法）

解法策略1：反转话术

你可以用这样的话术去应对对方，比如买方对卖方："当然，您完全可以随心所欲地开条件，我也可以狮子大开口，可问题是这对我们双方都没有好处呀，所以您不妨干脆告诉我，您能承受的最低价格到底是多少？如果太高，我会征求上司的意见，您看这样好吗？"

这相当于你把狮子大开口这个谈判策略给点出来了，并且把对方拉到了共同目标上，即双方的目的是最终的成交，为了推进共同目的顺利达成，鼓励对方拿出最大的诚意先行表态。

调换角色后，也同样适用，比如卖方对买方："你当然可以随心所欲地开条件，我也可以像你一样狮子大开口，可问题是这样对双方有什么好处呢？所以呀，为了提高效率，你干脆告诉我，你最多能承受多少钱？合适我就定了，不合适我就直接找我领导去商量，也方便大家快速做决定。"

只要你能把这反转话术结合自己的情况烂熟于心,当你面对别人狮子大张口的时候,你就会有所防备、巧妙应对,并且把难题抛给对方。对方不管做出任何的让步性回答,只要有必要,你都可以用以上的策略继续施压,以上话术是应对对方虚张声势的第一点策略。

解法策略 2:同模式反击

对方虚张声势,你也虚张声势,对方狮子大开口,你也狮子大开口,他说 3000 元,你回 800 元,对方可能也觉得你太过分了,你也要表现出觉得对方太过分。

没关系的,反正你们都是坐在谈判桌上要成交的人,不用担心对方走人,谁也不会轻易离开谈判现场,就是离开,也有可能是故作离开,不要相信表象,只管继续出招,只有这样才能更接近对方的底牌。这就是双向狮子大开口,打破对方设的局,不断地去试探,这样的话,经过双方讨价还价的过程而成交的结果,往往会让谈判双方都更有成就感。

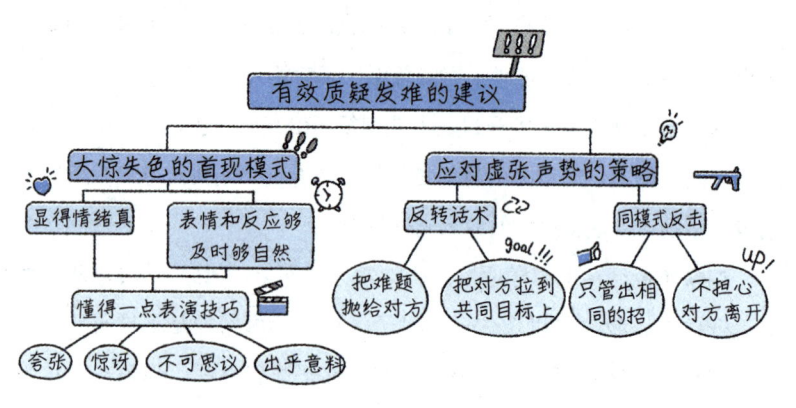

有效质疑发难的建议

第三方面：启动"资讯力"质疑发难

质疑发难的第三招就是启动资讯力质疑发难，简单来讲，就是利用对方不一定清楚的资讯去给对方施压，以达到目的。那资讯力到底在发挥什么作用呢？又该怎么启动呢？

1. 资讯力的作用

由于对资讯缺乏深入了解，人们对未知的东西，都会有一定的疑惑，往往都会觉得很被动。所以，当我们了解到一些资讯，而对方不确定相应情况时，这些资讯就能够起到让对方有可能做出一定让步的作用。

● **作用1：资讯决定主动或被动**

培根说过："知识就是力量。"其实，如果拥有最前沿资讯并能适时适地地使用，也可以被称为有知识的人。资讯起到了不可忽视的作用，这也是我们做任何事情之前，都要进行提前调研的原因。

只有资讯丰富，才有主动出击的力量，否则只能是被动挨打。

就像之前的亚洲首富孙正义，他未成名时曾在病榻之上坚持两年读两千多本书，掌握了无数商业资讯，才有了后期的成功。而缺乏资讯之人一定很被动，举一个简单的例子，相信大家都很熟悉诸葛亮的空城计，他就是利用了司马懿的猜疑心重，设置了这样一个资讯的迷局。当司马懿率兵乘胜直逼西城，诸葛亮不设一兵一卒，沉着镇定，大开城门，自己在城楼上弹琴唱曲。司马懿怀疑设有埋伏，最终引兵退去。这就是诸葛亮利用资讯力的典型案例。

所以，我们平常要多收集对方的信息，多了解对方的背景，甚至我们要更全面地掌握各方面的资讯，以方便我们跟对方谈判的时候，用对方不确定的资讯主动出击，给对方制造压力。

● 作用2：资讯决定真伪的识别

其实在国与国之间、公司与公司之间，经常会有情报战，大家纷纷派卧底情报员进行各种资讯的侦查。情报战之所以这么被重视，正是因为知彼知己更容易给对方造成一定的制约。情报战一个惯用的伎俩就是制造资讯迷局，这是很有用的谈判手段。制造资讯迷局就是设计一个对方不完全清楚的资讯情境，在这种情境下，对方因为疑惑，就会按照你暗示或明示的方向做出一些让步。就像你跟对方谈的时候，搬出几个他同行对手跟你们也在交涉的情况，不知情的对方就会有所妥协。

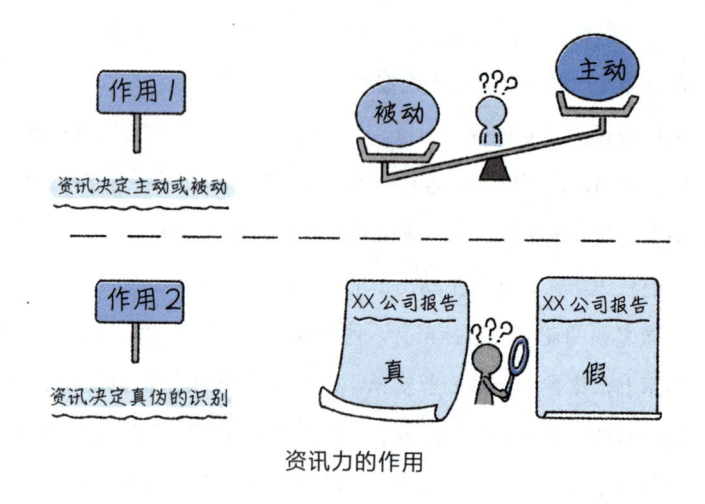

资讯力的作用

如何启动资讯力呢？在这里跟大家提5点建议。

2. 启动资讯力的5个建议

建议1：多问。在与对方谈判的时候可以承认自己不懂，大胆地问对方问题，一直问下去，就一定会有对你有用的资讯。然后，你可以再结合所掌握的信息，更有效地跟对方谈。

建议2：注意听，多观察。有时得到资讯挺简单的，你只要专注倾听就够了，可以发现对方到底在意什么，对方的弱点是什么，对方的问题或者需求是什么。通过观察就可以明白对方在哪些方面是感兴趣或抗拒回避的。

建议 3：侧面探知。问一切可问之人，通过一切可利用的渠道，去了解谈判对手更多的资讯，比如对方的朋友圈、公众号、网站或者曾经的合作伙伴，等等。

建议 4：在轻松的环境下问。因为在对峙谈判的环境下，有些时候对方会有一定的防备心，很难把真实的信息暴露给你太多，那就不妨在轻松的环境下问，比如说私下里喝茶的时候，平时人际交往的时候，嵌入式询问了解。

建议 5：重视商业调查公司等专业机构。如果有必要，找第三方机构了解资讯也许更快捷，因为他们更专业。你了解越多对方没有掌握的资讯，对方就越容易被你置于不确定性的疑惑之中。

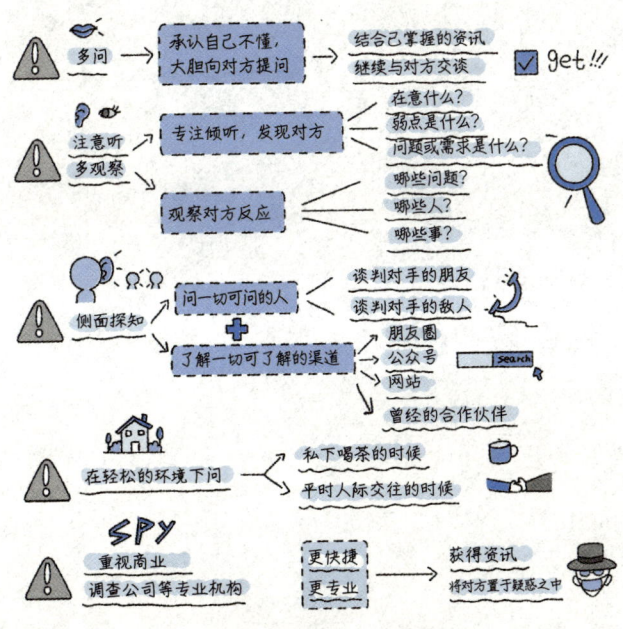

启动资讯力的 5 个建议

总结一句话，通过对资讯的把握和应用，就是要达到知彼知己，又尽量让彼不知己的最佳谈判效果。

以上我从3个方面给大家解析了质疑发难的功夫，第一是大惊失色的首现模式，第二是应对虚张声势的2个策略，第三是启动资讯力的2个作用及如何启动资讯力的5点建议。希望上述的分享能够让你在谈判过程中掌握主动，让别人更容易妥协让步。

15 | 拒功：以拒为进

我们不难发现，在生活中那些不会拒绝别人的人，往往都处于人际交往的弱势地位，都以牺牲自己的利益来达成某种和解，久而久之没有了自己做事的标准和原则。其实，拒绝也是有方法的，有效的拒绝可以让你收获更多。所以，这节我就跟大家好好聊聊拒功，拒功就是以拒为进的功夫。

尤其在大多数的谈判场合，我们为了争取对方更多的让步，让自己能够有更多的利益空间，难免需要以拒为进的技巧，在这里给大家从4个方面解析一些应用策略，同时也会跟大家介绍，当别人用这些策略对付我们的时候，我们如何采取应对策略。

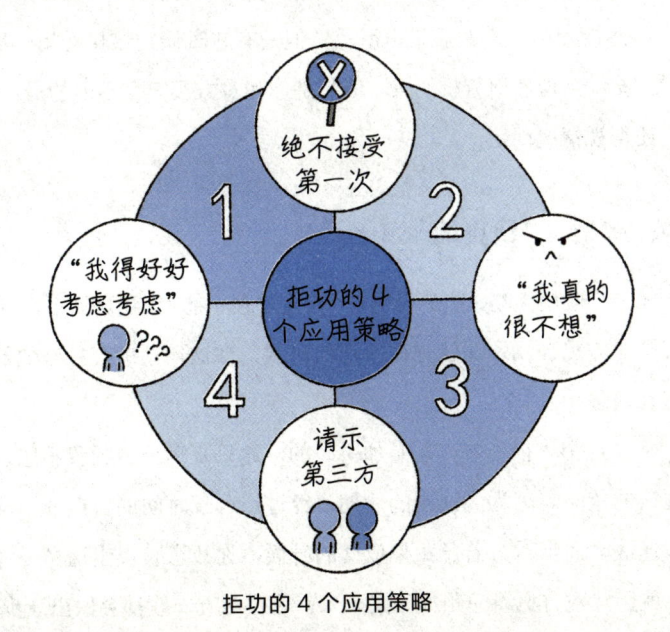

拒功的 4 个应用策略

技巧一：绝不接受第一次

在谈判的时候是不能接受对方的第一次报价的，这会使对方立刻有一种输的感觉，感觉早知道就报更高价钱了，这是对方的心理感受。

我之前讲过，完美谈判追求的境界是：面子上我输你赢，里子上我们双赢。如果你一上来就接受对方第一次报价的话，明显没有达到我们想要的理想结果。换位思考一下，如果你是老板，一上来就接受顾客的第一次还价，会给顾客什么感受？比如你报价3000元，对方说"2000元得了"，然后你说"行，那就2000元吧"。你想顾客是不是会有一种后悔的感觉，他会想早知给你还1000元了，同时只要你答应了顾客第一次还价，顾客会立刻觉得，这玩意肯定还有空间，看来这质量也不咋的，商家利润够高的啊，自己肯定还价还高了！当他是后悔的感觉，他肯定还会想理由找机会跑单，这自然不是个好结果。

虽然接受第一次的后果很严重，但是有些时候，该接受第一次也要接受，要学会理性地分析场景。谈判是你和对方买卖交易前的最后博弈，我们还得视情况而定。

技巧二："我真的很不想"

第2个应用策略，就是表现出"我真的很不想""我真的不好决定"，尤其是对方已经到了想让你做决定的时候，你这句话就会打破他已有的节奏和幻想。

不过这个"很不想"，是加引号的，这只是嘴上说的我不想，是推脱施压的策略。因为到谈判的后期，经过那么长时间的拉锯战，谁都想速战速决，而当对方着急跟你成交的时候，你故意表现出这样一种慢态度，就会让对方更着急跟你确定下来，这样对方一般都会做出让步。

你就记住了，无论你是卖家还是买家，在对方想跟你确定成交的时候，你都要表现出"我真的很不想"，这会让对方有一种征服了你的快感，因为你不想但最终还是被他拿下了。同时，只要你不想，对方一般就会压缩谈判空间做出让步，因为你们都已经坐到谈判桌上了，毕竟是要成交的，就看谁能耐得住性子了。

不过，面对别人用此策略，无论对方"多不想"，你记住自己要岿然不动，因为你们的谈判肯定会步入成交，对方不会真不要的，你千万别上他的当。应对对方"很不想"的策略就是，先要承诺，再请示上级，再使用"黑白脸"策略。

应对策略1：先要承诺

举个例子，比如说你是商场里卖鞋的店员，顾客试完了鞋挺好看，不过想在价钱上跟你砍砍，她可能表现出"这个价钱我真的很难接受"的样子，她这么说，证明价钱上她"很不想"，你要怎么应对呢？

首先你得明白，顾客在价钱上有抗拒情绪，多是拿来做谈判筹码让你让步的，对价钱"很不想"，不代表对产品"很不想"。所以你可以问她："这位女士，我想确认一下，您是真想要吗？真心喜欢吗？"先探探她是否真心喜欢，也算给她一暗示，就是如果她真的想要，你可以帮她想想办法。

只要对方点个头，回应是"真想要，就是价钱有点贵"，那对方的一只脚已经步入成交了。因为人的行为往往都会跟承诺保持一致。

应对策略2：请示上级

既然对方给你表了态，想要产品而不想接受价格，你就可以这样回应："既然您是真想要，我帮您请示一下我上级，看看他那里有没有一定的活动空间？"说这话的时候，要表现出来，你是想帮对方的，让对方觉得你跟她是一条战线上的，就算你申请不了多大的优惠，她也不会太为难你，同时，这也算是再一次确认。

如果对方也想让你请示一下上级，那你"请示上级"后无论优惠多少，对对方来说，都是争取来的实惠，都是赢的感觉。

在跟对方确认后，接下来你就可以消失 5 分钟，你回来后，就可以告诉他你请示完上级了，甚至说你是以"亲戚过来买鞋"的名义才争得上级的松口，"这双鞋可以便宜 50 元钱，这也是我们店里首例啊，上级还反复强调这种价格绝对不能说出去"，当你这样说请示完上级的结果时，对方会有一种占到便宜的感觉。

应对策略 3：黑白脸

为了拉近你和她的距离，你也可以采用"黑白脸"策略。黑白脸就是你扮白脸，老板扮黑脸，跟顾客讲："要是这店是我的，我就直接给你办了，但毕竟这店是人家的，我也只能按规矩来，老板定的规矩谁也不敢破，谁都拿他没办法。"就算不给对方便宜，你这样说话，至少照顾了对方的感受，结局还是双赢的。

以上三步就是面对别人"很不想"的谈判策略：先要承诺，再请示上级，再加黑白脸。

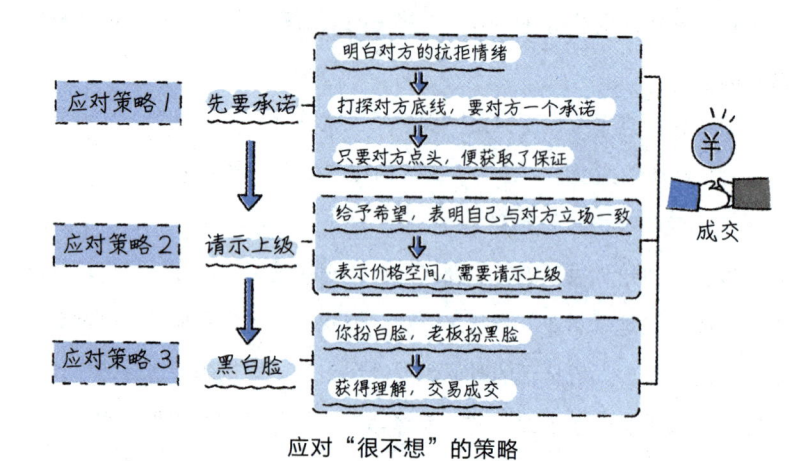

应对"很不想"的策略

技巧三：请示第三方

请示第三方，是一个非常棒的以拒为进的理由，通过第三方打太极、找退路、逼让步，是很多谈判场合都相当好使的方法。

一定要记住一点，如果让对手知道你自己本身有决定权，那你立刻就变得被动，因为对方会一直逼你做决定。这就是很多会议营销活动只邀企业一把手参加的原因。谈判同样如此，你不想让对方打太极，就找对方管事的人谈；你想跟对方打太极，就不要让对方知道你是管事的人。

同时在此提醒，通过请示第三方迷惑对方，也是一种打乱对方节奏的施压方式，对方有可能因为担心在你请示的过程中再有变故而更想成交，若利用这种心理，是不是可以借此让对方再做出让步呢？

我在这里所说的这个"第三方"，其实可上可下。你不能直接跟对方说具体是谁，请示对象越模糊或越抓不住，对方就越猜不透。如果你说"我请示张经理"，对方说"我认识你们张经理，我可以打电话跟他说一声"，那你就完蛋了。所以一定不要给对方说具体的人，比如你就直接说"我请示一下我们领导"，这样的话对方抓不住你的领导到底是谁，毕竟有很多领导可以搬出来说事。假若对方着急跟你成交，你非得要请示上级的话，对方就很可能会做出适当让步，以便让你不用请示就快速做决定。

除了请示上级，你也可以征求下级的意见，延展着提，比如"我得问问团队啊""我得问问我们财务等部门啊"或者是"我得问问我们的市场前线""这需要经过我们技术部门的认定"等，这都是请示第三方，这其实都算是缓兵之计，可以给对方造成压力。

那么换过来说，面对对方用"请示第三方"来施压，我们该如何应对呢？

应对策略1：先发制人

你在跟对方谈判之前，可以跟对方打声招呼："对不起，我想先确认一下，如果我们的产品满足您的所有要求的话，是否还有其他原因可能会让您无法立刻做出决定？"把这个话题先抛给对方，对方若说"没有其他干扰因素了，只要产品满足要求，当即就能做决定"，就会为我们后面的无干扰成交铺平道路。如果对方说"我还得回去问问领导"，那就不妨先问清楚对方领导的要求和原则，实在不行再找时间跟对方领导单独约。这就是先发制人的策略。

应对策略2：三步封杀

三步封杀是哪三步呢？

第一步，激发对方强烈的自我意识

首先得让对方有清晰的认知，并让其站在个人角度先表态，比如在他提出请示领导后，你可以说："在您请示上级之前，我还是想听您一句真心话，我们把您企业的需求和我们的方案都聊得这么通透了，如果您就是领导，您认可我们的方案吗？我想先听听您个人的看法。"先让对方站在个人角度给你一个肯定式的回应。

第二步，让对方承诺向更高权威力荐

比如："既然您这么认可我们的方案，相信您一定会向您的领导力荐我们，对吧？"

第三步，取决于策略

"其实您向领导去请示这件事，说实话，不还是取决于您到底怎么跟他说。这件事，首先您了解得比谁都清楚，更何况领导能派您来，对您的能力和判断力肯定是信任的，所以我们到底能不能愉快地合作，关键还是在您嘛。您刚才也说了非常认可我们的方案，依我看，这事有您在，我们肯定能成。"这就是把对方提的请示领导的压力再转到对方身上。

这就是三步封杀，是非常有效的谈判成交策略。

应对策略 3：以彼之道还治彼之身

面对别人使用请示的策略，你可以回应："您可以请示，不过起点依旧不能变，我这么有诚意给您做了让步，我的领导还不一定同意呢，所以，要不我们都请示请示？"这就是相互制衡，对方在此压力之下，有可能就不再请示，直接跟你定了！

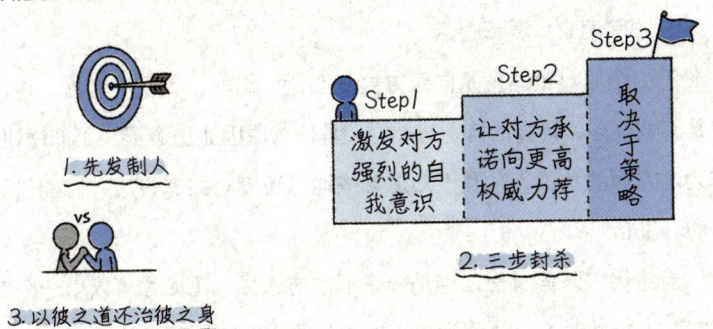

面对"请示第三方"的应对策略

技巧四："我得好好考虑考虑"

第 4 个以拒为进的方法，就是表现出：你让我很为难，我不得不好好考虑考虑。这也是一个给对方施压的缓兵之计，让对方感觉到你还有一些顾虑。这是通过制造不确定性，打乱对方节奏，来激发对方速战速决的心态，从而让对方先做出让步。

那如果面对对方说"他要考虑考虑"，你又该怎样应对呢？

应对策略 1：一起考虑

第一个应对策略就是拉对方一起考虑。面对对方要考虑，这里一套话术，你可以根据情况修改使用："您确定要考虑吗？看来您对我们产品还是感兴趣的，对吗？我在这方面是最专业的，您有哪些顾虑不妨提出来，我给您一一解答，这岂不是最好的考虑方法吗？"你也可以这么说："既然您要认真考虑，您刚好需要，我刚好专业，趁今天我在这里，为何我们不一起解决剩下的疑虑呢？"

当你把话都说完后，最后根据你预估对方的真实问题，可再加上一句："坦白说，您是不是因为钱的问题？"或者"坦白说，是不是我的……，让您不太舒服？"直接具体到一个对方可能最关心的问题上，就比较容易说动对方继续互动，最终成交。

应对策略 2：要真心话

第二个应对策略就是向对方要真心话。比如："我听您这么讲，显然是有些疑虑，我真的特别想知道，是什么原因让您今天还不能做决定。作为这方面的负责人，我不知道哪些地方还没有跟您说透，您能告诉我您的心里话吗？"

当然代入弱势身份，也是一个不错的选择，比如你可以以一个新人的态度去求教对方："作为一个新人，我真的特别想知道，还有哪些地方做得不够好，让您到现在还犹豫不决，您可以告诉我您的真心话吗？至少以后面对其他客户的时候，我可以吸取教训。"熟记话术，感情真挚，才能让对方不得不说出自己的真心话。

应对策略 3：杀回马枪

第三个应对策略就是杀回马枪。面对忧虑型对手，就是先让对方放松，再突然出招。

在对方说"我得好好考虑考虑，这让我很为难"的时候，你马上接着说："那好吧，那等您考虑清楚了咱们再聊。"说完你开始收拾东西就要走，此时是对方最放松的时候。在你快走到门口时，对方甚至会长出一口气，感觉终于把你甩掉了。而你却突然再转身回来找他，上前就问："先生，我是真的不清楚您还需要考虑什么，我认为刚才跟您解释得很明白了呀，为了不耽误您太多精力，您不妨直接告诉我好吧？"这时对方一定还没完全反应过来，而在你这种回马枪下，对方很容易向你坦白并被你搞定。行为心理学上，把这种方式叫作"创造能量最低点"，先打乱其正常状态，再趁此深化指令。

这招充分利用到了对方的心理间隙，在对方放松戒备的时候打他个措手不及，这种方法虽然有点恶作剧，但不失为搞定忧虑型对手的好办法。

1. 拉对方一起考虑　　2. 要真心话　　3. 让对方放松，再突然出招

消除顾虑的应对策略

以上咱们谈到了不少谈判时以拒为进的功夫，大家一定要结合本节知识点，好好学习在生活中如何有效拒绝，以增加对方的让步压力，以及当你知道被别人用这招时又该怎样破解的方法。

16 议功：砍价议价

上述几节一直在聊谈判的各种功夫，说到谈判，大家可能最感兴趣的，也是最常用到的，就是砍价议价的功夫，那在这一节里，咱们就好好聊聊。

在与人谈判的过程中，我们都希望自己可以谈到一个满意的价格，面对生活中无处不在的谈判，我们不仅需要一定的胆量，更需要一定的方法策略，这样才会让自己不致吃亏，少花钱多办事。为了让大家在砍价议价方面有所精进，给大家提供 4 个方面的策略。

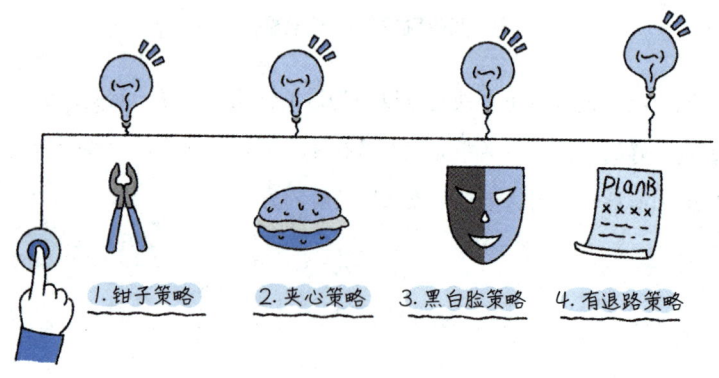

砍价议价的 4 个策略

策略一：钳子策略

钳子，顾名思义就是一种能将东西轻易夹住的强大的工具，谈判中的钳子策略就是用"钳子"式语言将对方的思想"夹"住，让对方的思路根据钳子所辖定的方向延伸，并做出让步。

具体地说，就是在谈判时，在对方报出价格后，你坚定地回应一句"您还可以给我一个更合理的价格",这句话就可以将对方钳住,说完这句话坚定地看着对方,仿佛你知晓对方的利润空间,这种气氛就很容易让对方继续让步。

同样的思路也可以迁移使用到很多方面,比如说职场上,当下属给你递交了一份报告,而你想让下属给你交一份更好的报告,你甚至连看都不用看,只需过一会儿对他说:"你还可以做得更好。"对方往往都会在这句话的钳子作用下,给你交上一份更好的答卷。

孩子犯错时,你想了解他犯错的真相,听他第一遍解释后,你可以说:"你可以更坦诚一点。"这句钳子式语句,可以让他说出更多实情。

接下来我们看看亨利·基辛格是如何使用钳子策略的。

> 在越南战争期间,美国国务卿亨利·基辛格曾让副国务卿准备一份关于东南亚政治形势的报告。副国务卿精心准备后将报告交了上去,结果基辛格很快把报告打回并附上"你应该做得更好一些"的评语。于是副国务卿又补充修正,收集了更多信息、添加了更多表格,可再次上交后得到的评语还是"你应该做得更好一些"。这可就让副国务卿感到麻烦了,感觉自己遇到了一个大的挑战。他连忙召集手下加班加点,决心呈交一份基辛格迄今为止见过的最好的报告。最后报告完成了,他亲自将报告交给基辛格并说:"基辛格先生,这份报告被你否决了两次,我的全部人马加班加点地忙了两个星期,这次可千万不要再打回来了,我不可能做得更好了,这已经是我的最高水平了。"基辛格冷静地把报告放在自己的办公桌上,说:"好吧,既然这样,我会看这份报告的。"

无论是"你还可以给我一个更合理的价格",还是"你还应该做得更好"，或者是"你可以更坦诚一点"，钳子策略往往都会让对方先做出让步，因为这样的口吻仿佛在暗示对方："我知道你的底牌，说出来吧。"钳子式语句，被称为价值百万的谈判魔咒。

曾经有一个公司的采购经理相当会降低成本，他为了让自己的成本控制到最低，采购前都需要通过竞标以保证有足够的利润空间。一轮竞标会后，最后选择那个出价最低质量仍有保障的公司跟他合作，但是在合作合同签约之前，采购经理还要再谈一谈，虽然跟他合作这家公司通过残酷的竞标已经没多少利润了，但采购经理还是要继续压价。他常用的终极谈判技巧，就是钳子策略，"你还可以给我一个更合理的价格"，然后把方案推过去。对方在极度压抑的情况下，莫名其妙地都会再次降低一些价格，每个单价让出一点利润，乘以总量之后，利润往往就非常可观，可以给公司赢得少则几万元多则几十万元甚至上百万元的利润。

这个采购经理通过竞标已经节省了成本，再通过钳子策略，为自己争取到了更大的利润。这个案例告诉我们，谈判而得的每一分钱都是净利润，会谈判就一定会赚钱。而我们在现实生活中想跟对方砍价，也可以使用类似的话术，"你可以给一个更合适的价钱""你可以给我个更公道的价钱"，或者"你可以给我一个更真诚的行内价"，这都是钳子策略的话术。

同时一定要记住，给对方发出钳子指令之后，不要再说话。你发出钳子指令，同时把单子递给对方之后，看对方表情，闭嘴，微笑，注视，或者是目视其他地方，总之让对方纠结去吧。在他纠结的过程中不就有可能做出让步了吗。

如果对方跟你使用钳子策略，那该如何是好呢？别怕，三个方法让你轻松应对。

- 如何应对别人对你的钳子策略？

方法1：挺住不说话。他看你，你也看他，微笑，注视，此处无声胜有声。

方法2：让他先表态。记住这种情况下，谁先表态谁弱势，为了逼对方先表态，你可以跟他提相关的问题，比如：你到底想要哪种质量呢？总之他回应的语言中一定会有破绽，没准自己说服了自己。

方法3：回击他：你希望我给你什么样的价钱？谈判桌上谁都心累，回答问题比提问题更容易露出破绽、自降士气，所以把问题重新抛给对方，更容易让他纠结，加重他的心理压力。当你问完这句话之后，对方一般会抛出自己的价格，一旦这样，对方就处于弱势。因为对方无论出什么价格，你都可以不接受，用之前教的"大惊失色"等反击对方，可以选择继续发难对方，以获取对方更多的让步。

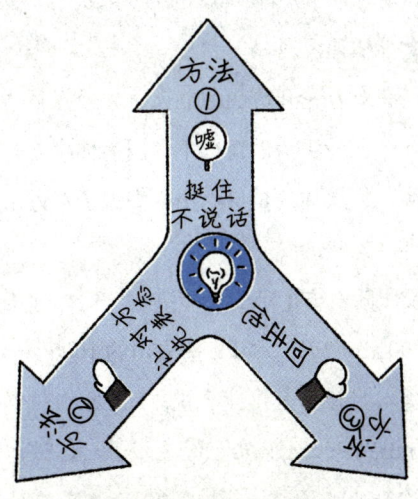

应对钳子策略的3个方法

策略二：夹心策略

许多朋友总容易被戴上"败家"的帽子，原因就是在商场不会讲价，别人说什么就是什么，最后多花了许多冤枉钱。接下来的夹心策略，可以为砍价提供参考，一定要好好把握。

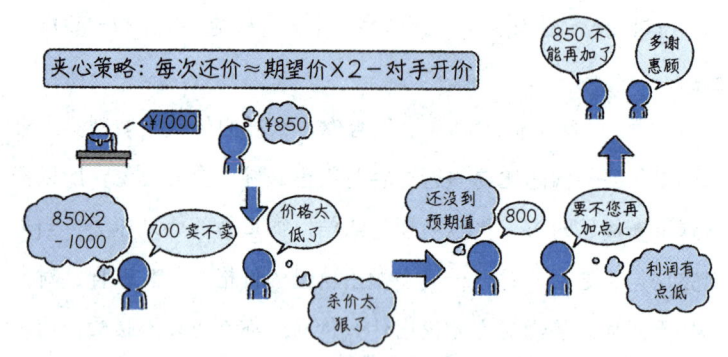

夹心策略：每次还价≈期望价×2－对手开价

¥1000　¥850　850×2－1000　700卖不卖　价格太低了　杀价太狠了　还没到预期值　800　要不您再加点儿　利润有点低　850不能再加了　多谢惠顾

夹心策略的具体方法

- 接下来我们也来看看夹心策略的使用注意事项。

建议1：只要对方一开价我就夹心。养成一个夹心还价的习惯，以后谈判时你才能快速反应。

建议2：只有对方先开价我才能夹心。最好不要自己报价，自己报价就处在一个比较劣势的情况下。因为你也不知道对方的实际价值到底是多少，如果你的报价不小心高过了对方出的价就吃大亏了，所以自己不要先开价。

建议3：要跟随对方的节奏步步夹心。比如你第一次夹心是用850×2就是1700元，1700元减去对方出的1000元，那就是从700元开始还价，而对方接下来可能会说：700元绝对不行，至少也得900元，当对方说到900元其实已经让步了，这时你紧跟着对方的让步节奏，再次夹心，还是一样，用850×2减去对方的第二步出的价 900 元，就是 1700-900 = 800 元，第二次从 800 元还，最多给到 850 元，这就是砍价议价，是一个非常有意思的博弈过程。

只要对方一开价我就夹心；只有对方先开价才能夹心；跟着对方的节奏步步夹心。这就是夹心策略要注意的。

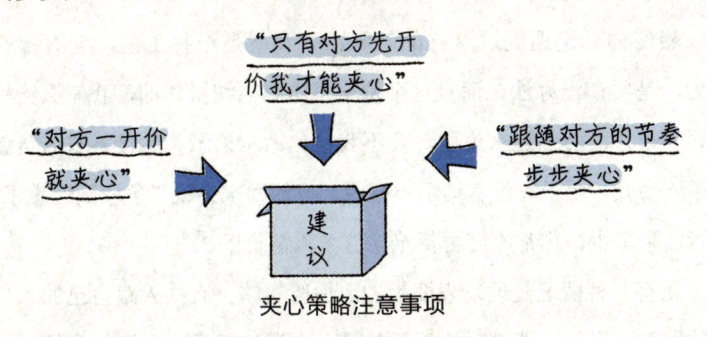

夹心策略注意事项

策略三：黑白脸策略

第 3 个砍价议价的功夫，就是黑白脸策略。咱们把黑脸代表坏人，白脸代表好人，不管其他的版本怎么说，我们就先这样去理解。黑白脸策略在谈判中是一个使用频率极高的策略，所以你跟别人谈判最好避免一对二，因为你一对二，对方使出黑白脸策略，一个装坏人，一个演好人，再给你演一出苦情戏，你就难以招架了。因此尽量避免一对二，当然你可以二对一。

比如商场里我们经常会遇到很会卖东西的店员，他会说"我特别想给你便宜，但我们领导实在是太不近人情了，上回我亲戚来买东西都没打折"，先搬出个黑脸让你无力进攻，再摆出白脸，让你不好拒绝，他会接着说"这样吧，我个人给你找一些实惠吧，今天真喜欢就先拿下，我这柜子里刚好还有一个前段时间搞活动留下的小赠品，就送给你了，以后店里再有什么优惠活动，我给你打电话"，很多人在这番语言进攻之下都被拿下了。

黑白脸策略往往是让你与对方在不产生对抗情绪下对其施压的方法，因为你扮演的是好人，你虚构了一个坏人，比如老板，不是你和对方之间产生冲突，而是你的老板让你没法让步，你也没办法，所以对方跟你就没办法发泄情绪。

相信你一定遇到过这样的解释："我就是个打工的，哪有那么大权力，是实在没办法，而且这个价格是电脑系统操作的，我怎么给你优惠？……你既然都这么说了，要不我给你请示请示？"接下来店员就消失了一会儿，至于有没有请示不好说，但他回来会说"争取到优惠了"，不管优惠多少，你都不好再拒绝他这个人情价了。

还有一种情况是现场表演版的黑白脸策略，有些人跟自己的领导相当的默契，当他在谈判时快顶不住了，会通过暗示的方法找来领导。领导一定是很严肃地破门而入，叫道："小张，上周××部门的小李私自降价销售的行为，遭到了老客户投诉，造成了很恶劣的影响，同事们也在反映他的问题，目前公司正在调查这件事，这段时间你们部门也都要注意一些，别再犯这种低级错误。"如果领导一上来就给你一通严厉的提醒，并且还是针对降价销售等破坏规矩的情况，这样你客户就知道，看来这是公司级的定价制度，没办法太难为你了，再这样下去就得把你逼走了。

黑白脸不一定同时出现，有时也可以虚拟出来使用。多数情况下，是把对方不知情的人说成黑脸，自己充当白脸。

策略四：有退路策略

最后1个在砍价议价方面使用的策略是有退路策略。为了让对方快速妥协，你就记住一句话：拥有更多选择权的，往往拥有更大的力量。

谈判桌上，谁能表现得可以随时离开，谁就拥有更强势的选择力。换句话说，就是在对方着急确定的时候，你能表现出无所谓，对方就会越发害怕失去而选择妥协。

你听听这些口吻：

> 口吻 1：你要还这样的话，那咱们可以不谈了，还有很多人等着我呢。
>
> 口吻 2：今天实在定不了，那咱们都等等吧，反正我们现在也不着急。
>
> 口吻 3：现在你们的同行×××也在找我们，我们也得再考虑考虑。
>
> 口吻 4：没事，你慢慢想，要不你再问问，我们这都是处理价，就算没人买我们自用也行。

这些其实都是给对方施压的口吻。因为你有更多的选择，所以可以"不需要""暂时不用""无所谓"……当然不管你怎么说，要让对方相信你真的无所谓，不要让对方觉得你是装作无所谓，你得让对方有隐隐的担心，怕失去你，就会跟你妥协。

不过在谈判的时候，尽量少说一些"你一定要怎样，否则我就不……"这样的话，这种话非常危险，万一对方无所谓的话，你不就下不来台了吗？你越是这样说就表示你越是输不起，没有退路才会这样吓唬人。你这样说，对方也能猜出来你没什么退路了，那又何必妥协让步给你呢。这种逼对方做决定的话往往容易暴露弱点，所以我们谈判的时候要提前想好我们的退路是什么，让对方在无退路的情况之下，表现出我方有退路，进而诱导对方快速妥协让步，步入成交。

17 | 疯功：疯狂情绪

在交际谈判的过程中，情绪的使用向来非常重要。只要使用恰当，它能影响一个人对你的判断，甚至能让对方直接做出让步。为了让大家在情绪的使用上有一定的认知和提升，咱们在这一节聊聊疯功。疯功其实就是疯狂引爆情绪，影响制约对方谈判的功夫。

为了发挥情绪在谈判时的作用，接下来我会从以下 4 个方面给大家介绍一些建议。①疯狂情绪是一种谈判筹码；②疯狂情绪引爆的主要作用及如何引爆情绪；③情绪操纵的 6 个陷阱，如何识别他人对你的情绪操控；④疯狂情绪的制约之法，如果别人爆发疯狂情绪，你该如何制约对方？

第一方面：疯狂情绪是一种谈判筹码

在现实生活中，我们都怕疯子，如果疯子直接站在你面前会不会有一种紧张感？因为你怕误伤到自己。所以有些时候，疯狂情绪其实是谈判者给对方制造惧怕的一种方式。在跟别人谈判的过程中，有时可能因为一个点而达到情绪暴怒，进而导致局势 180°的大转变。这种让别人有所害怕的情绪引爆，其实是一种很重要的谈判筹码。

第二方面：疯狂情绪引爆的主要作用及如何引爆情绪

引爆情绪的主要作用一般情况下包含 3 个。

作用 1：直接施压强者

你本身是个弱者，对方是个强者，如果你无法让自己变得主动，可以考虑从情绪上让自己变得强势，从而让对方捉摸不透，使其产生一定的恐惧感，这是给强者施压的第一个作用。

作用 2：通过情绪引爆，引来第三方，一起施压强者

比如说，孩子一般在说理时说不过父母，会选择用大哭的方式让父母妥协，当没起到什么作用时，就专门当着奶奶的面大哭，奶奶过来之后，就会给爸爸施压，让他做出让步。由此可见有些情绪引爆，是为了引来第三方施压强者。

作用 3：为了逼出起决定作用的第三方

这是什么概念呢？比如你向爸爸要零花钱，他就是不给你，原因可能是零花钱掌握在妈妈手上，但爸爸又不方便直说，最后你跟爸爸急了。结果把妈妈给逼过来了，她一看这架势，估计得赶紧劝："不就是点零花钱嘛，不至于父子生气啊，行行行，这回就破例吧。"这就是逼出起关键作用的第三方，来达成目的。

疯狂情绪会让对方变得弱势。如果对方是解决问题的关键，就直接引爆疯狂情绪；如果这时对方仍然不做出让步，那就通过引出第三方，促使他让步。换句话说，就是通过情绪引爆，找一个更强势的人跟自己一起去谈判。再不行，就直接逼出对方的决策者，比如上文中妈妈这种

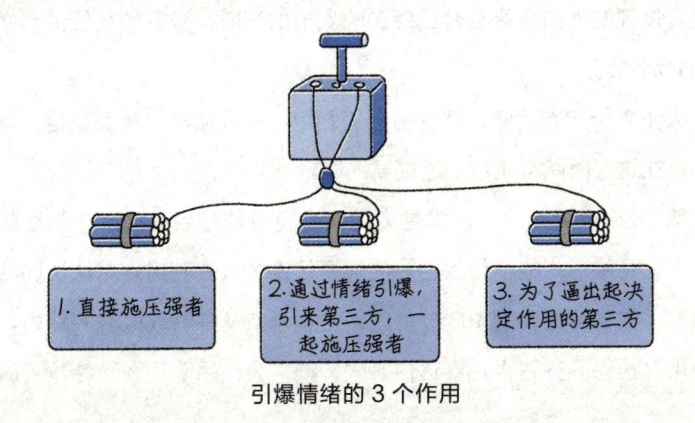

引爆情绪的 3 个作用

角色，引爆情绪去施压。

以上我们列举的是一个家庭的案例，但其实在谈判过程中也经常会有这样的事情发生。不管怎样，在情绪利用上一定要牢记以下 5 个忠告，时刻提醒自己。

忠告 1：可以发挥我的情绪，影响他的判断。情绪是只无形的手，看你想让它发挥什么作用。

忠告 2：不要受控于他的情绪，影响我的判断。你要知道自己会利用情绪，对方也会引爆情绪，不要因此影响自己的判断。

忠告 3：可以利用他的情绪，影响他的判断。对方如果有不恰当的情绪反应，你就要学会让对方自乱阵脚。因为人在情绪之下，很难有严密的逻辑，你要抓住痛击，让他自降士气。

忠告 4：要不断明确我想要的，其他都不重要。情绪其实只是一个策略，只要能够让你得到想要的，就证明策略的有效性。所以情绪是为目的服务的，不要陷进去了。

忠告 5：要随时注意双方情绪的变化。在跟别人谈判的过程中，不管是自己还是他人，如果发现情绪有所变化，那么你就要考虑自己是否已经受控于他的情绪，是否已经被他的情绪影响了你的判断等。当然，你也可以评测你的情绪是否已经影响到他的判断，双方的真假情绪必须要先弄清楚。

人不善于把握情绪，就容易被人利用，被人激怒，从而犯错。球星齐达内在这方面就给我们上过重要一课。

第 18 届世界杯决赛，本是齐达内退役前的最后一战。身为法国队队长，又是最后一战，作为主力的他开场没多久就利用点球让法国队取得领先。当比赛进行到 108 分钟时，对手马特拉齐后场盯防齐达内，并故意用恶语侮辱齐达内，齐达内丧失冷静，突然用头顶在马特拉齐胸口上，马特拉齐应声倒地，主裁判最终向法国队队长齐达内出示了红牌。最终，法国队在点球大战中不敌意大利，遗憾地与大力神杯擦肩而过。而在齐达内下场前，法国队一直处于进攻态势，但是齐达内的不冷静行为，使得本来局面占有优势的法国队最终输掉了比赛。说到底，齐达内输在了情绪控制上。

相比之下，球王贝利就成熟许多。贝利也曾遇到过对手球员对他谩骂侮辱甚至恶意犯规的情况，但他每次都知道自己是在踢球，而忽视对方的种种恶劣行径。贝利曾在接受记者采访时，被问道"遇到那些不公平的侮辱和打击，为什么不报复"，贝利说："我报复对方最好的手段，就是把球再次踢进对方的球门，不是吗？"

没错，球场如此，商场也是如此，既然是与人谈判，时刻要清楚我们要的是利润，对别人恶意利用情绪的行为，我们唯一的回应方式就是压低对方的利润，完成交易。

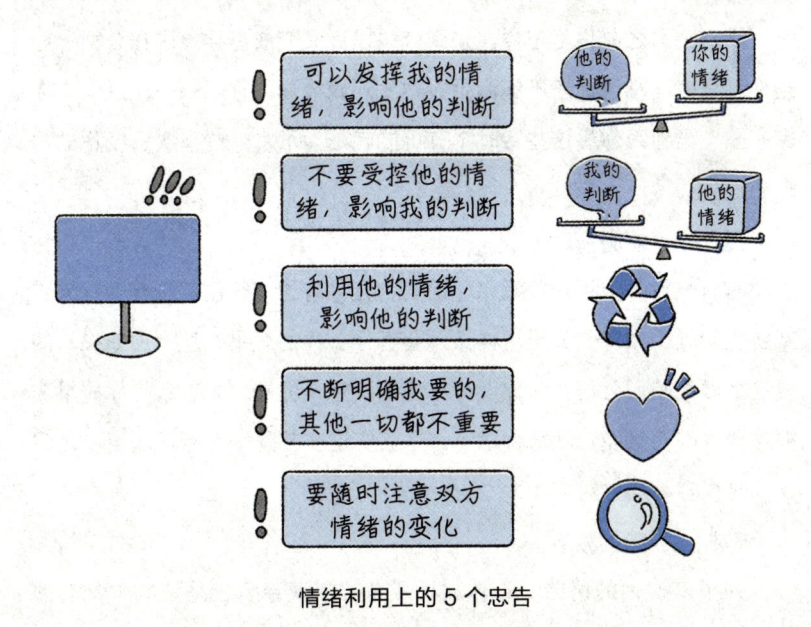

- 可以发挥我的情绪，影响他的判断
- 不要受控他的情绪，影响我的判断
- 利用他的情绪，影响他的判断
- 不断明确我要的，其他一切都不重要
- 要随时注意双方情绪的变化

情绪利用上的5个忠告

第三方面：操控情绪的 6 个陷阱

在什么情况下，别人有可能是在操控你的情绪呢？谈判中你比较容易掉进对方操控你情绪的 6 个陷阱。如果发现对方有以下企图的话，一定要立刻审视自己的情绪，是不是已经受到干扰，掉进对方的陷阱了。

陷阱 1：引发内疚

有些领导在跟员工的谈判过程中经常会发生这些事，比如你想跟领导谈加薪的事，结果领导一上来就会通过别的一些事例引发你的内疚感，内疚之下，你自然就失去了谈判优势。

例如他会说，"看你来公司这么长时间，公司在……方面是不是给你过额外的帮助，难道你忘了吗？难道你忘了在……时候，你本身不符合条件，就为了照顾你，我给你申请的……待遇？""你自己说，过去这么长时间，我是不是待你不薄？""公司给你进行内训，帮助你成长，没到公司之前你是怎样，来到公司以后又变成怎样。现在公司已经给你这么多，难道你还不够满足？你要还嫌委屈，你跟……比过吗？人家……"当他跟你说这些话时，有可能就是为了拿一些事实引发你的内疚心理。

陷阱 2：威胁恫吓

有时候对方会用一些情绪化的语言让你害怕，往往都带有一些警告威胁色彩。比如"你如果这样做，会有什么样的后果？""你如果真的要这么做，咱们公司会对你做什么样的决策，你知道吗？""你如果非要这样，咱们只能走法律程序了。"其实这些都是平时老板跟下属之间谈判时很容易发生的事。

陷阱 3：阿谀奉承

为了麻痹你的情绪，让你放松戒备，阿谀奉承也是谈判中常有的情绪陷阱。有一种说法叫"捧杀"。对方通过情绪的操纵，让你能变得更放心、更开心，再给你谈相关的要求和条件时，你就无法拒绝了，这就是"捧杀"。

比如老板跟想涨薪水的下属谈话，上来就是一通对其功劳的吹捧，称其是公司实现宏图大业难得的将才，早已把对方视为核心，一起为荣耀而战，眼前虽然还会辛苦些，但只要能一起挺住，早晚会一次性地回报。在这种言辞之下，有些人都不好意思再向老板提什么要求了。

陷阱4：激发好奇

对方提出的新的计划或对方未知的机会，往往能引发你的好奇之心并不断地受其引导，总觉得还有别的机会的可能性，从而很容易放下眼前的逼进。

陷阱5：维护关系

就是利用你渴望维护好各方关系的一面，给你设置不同的场景，不同的人事，激发你为了方方面面都能念你好，从而更全力以赴去做一些事情。

陷阱6：打感情牌

最后，通过打感情牌激发你内心最脆弱的一面，让你盛情难却，尤

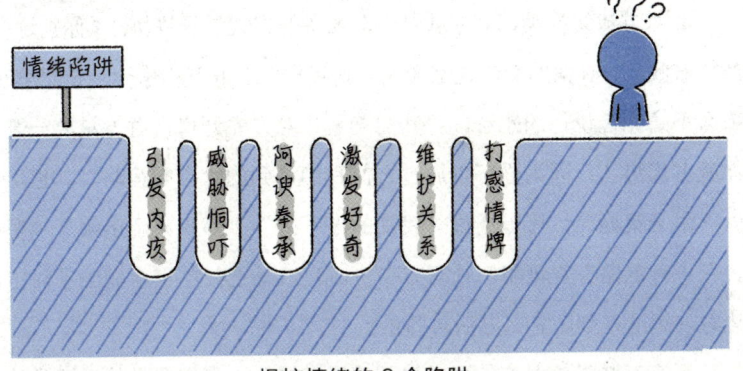

操控情绪的6个陷阱

其对重感情的人，这招总是令人无力逼进。

以上就是操控情绪的 6 个陷阱，我们要注意发现、审视和防御。如果发现以上企图，你应该立刻审视自己的情绪，不要受情绪干扰。

第四方面：疯狂情绪的制约之法

如果在谈判过程中，对方用疯狂情绪想让你让步，你应当如何制约呢？这个时候你应该冷静地问清要求，冷静地查明状况，冷静地寻求妥协，总之是要冷静！

1. 冷静问清要求

对方再疯狂，你照样非常冷静地问清对方要求，比如说"你有什么要求可以先提出来，不必这么激动"或者"今天在这方面，你到底想怎么解决？先说说你的想法"。

2. 冷静查明状况

要查明对方状况："你情绪突然这么激动，是不是因为你背后有什么困难？咱一码归一码，有困难就说，我们一起想解决办法，不管什么事，都按规矩来办。"

3. 冷静寻求妥协

看对方情绪高涨，也可以用请求表态的方式寻求妥协："你别这样，都吓着我了，你情绪突然这么激动，到底想怎么办？相信你一定想解决，那么不妨先说说你的想法。"其实就是让对方先开口，对方只要一开口你就占优势了，因为你可以通过之前我们谈到的"夹心策略"，也可用以"钳子策略"，可以通过"我真的很不想""等我请示上级""黑白脸""有退路"等策略，让对方妥协。也就是把问题重新抛给了对方，让对方想清楚到底怎么办后再商量。

其实有些时候对方的要求也不见得多过分，我们要具体情况具体分析，关键是双方一定要对话，如果有问题，对方有情绪，你也要想办法让双方都冷静下来，进行心平气和的对话。用一个字来总结，那就是"静"，就是要冷静对待问题，冷静问清要求，冷静查明状况，冷静寻求妥协，冷静进行对话，就一定会有好的效果。

以上，就是我在疯功上跟大家所谈到的4个方面，相信在以后的谈判类交际活动中，你在利用情绪和制约情绪上会有自己的策略。

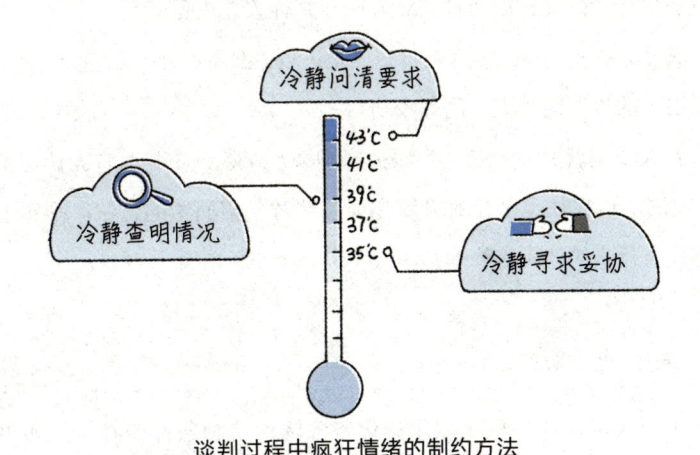

谈判过程中疯狂情绪的制约方法

18 | 咬功：咬住条件

在与人谈判的过程中，当你遇到对方咄咄逼人，想让你妥协让步的时候，你该如何坚守原则并有效脱身呢？同时，当角色反转，若你想让对方妥协让步，又该如何打破对方原则并有效进攻呢？

其实，在谈判中，不管是防守还是进攻，都离不开一项能力，叫"咬定青山不放松"的功夫，简称咬功。

今天我们就针对"咬功"跟大家聊聊，在谈判中让对方无计可施的5种咬法，这往往也是在对方跟你谈条件时一招回绝的方法，都属于让对方妥协让步的谈判必修课。

一咬：咬民意

在别人逼你让步，比如想让你答应降价这种条件的时候，如果你不想再降，就以大家、群众、团队的名义说不能，这样一说，因为对方抓不住大家是谁，所以就无力反驳。这种咬法，常常还能卖个面子给别人。

1. 咬团队民意

比如有人会这样说："我倒是很想照顾你，很想给你再让点价格的，关键是在我们公司，这种事情得跟团队商量，要人人投票通过了才行，并且在我来之前，团队的意思已经很明确了，所以这事真不像你想象的那么简单，真不是我说了算。"或者可以跟对方提："之前公司并没有这方面降价的先例，我就算想通过，大家也都不会通过的，因为这打破了原有的规则，会让他们以后很不好办事。"

像这样咬住民意，对方就拿你没办法了，然后他只能自己再想办法，另外，除了咬自己团队的民意，你还可以咬客户的民意。

2. 咬客户民意

比如这样说："我们过去所有客户都是一样的，从来没有给过你所提到的这种政策，我现在跟你让步，万一让我们其他客户都知道了，你说我下岗不下岗？这价格是真的一分都不能让了，因为这也是对其他客户的公平！"

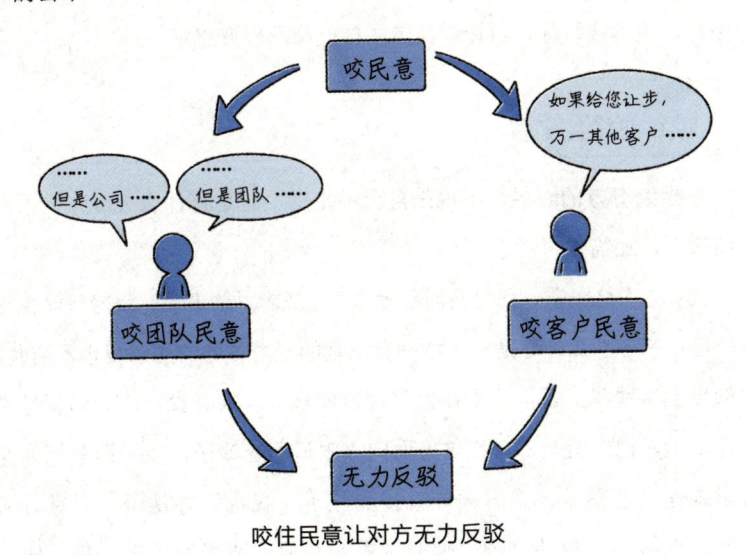

咬住民意让对方无力反驳

二咬：咬白纸黑字

当别人想让你破例让步，而你有规章制度、合同、流程这些正式文件，就可以拿这些白纸黑字文件中的有关规定挡回对方的不合理请求。

比如某公司王经理想让你们低价出售商品，你可以这样说："王经理，要能降价我早给您降了，我们公司制度有规定，在价格上全都是统一定价，任何修改价格的行为都会遭到处分，连我们的合同文件都是标准制版，任何一家合作单位都是一样的版本，谁也没有办法改，你说这都白纸黑字的东西，也不是我一个人能随便更改的，对吧？您就别难为我了。"或者是咬一个流程，"这种事，我可真不敢答应您，我们公司上回有先例，曾经有人在这方面没处理好都被开除了，就因为他当时做了这样一个破格的事情。"

把问题扔给白纸黑字，扔给不能改变的系统、制度、流程，这就是白纸黑字的咬法，让对方没办法对你提额外要求。你说得很在理，很有原则性，他再威胁你，再让你让步，自己都不好意思了。

三咬：咬第三者

在拒绝对方的时候，不说是自己不接受，而是有什么关键人物不一定能接受，还需要再考虑。

比如，"这事啊，我得问问我爱人"，或者"这事啊，我得问问我领导"等，或者"我领导是一个特别有原则的人，领导的想法我也不清楚""领导上次跟我提了，这事在他那肯定没戏"。或者说："我们领导说一就是一，说二就是二，在这方面向来眼里不容沙子，我上回都把你的意思跟他说清楚了，当时领导直接黑脸了，我也没办法啊。"对方又不能直接接触上你的领导、你的爱人或其他你所提的关键人物，他也没办法。

与此同时，你还可以咬关联第三方，可以这样说："这是我们跟之前的合作方都已经约法三章的事情，如果我们因为跟您一家的签单破了先例，以后所有合作方都得跟我们毁约。"咬第三方，对方也没办法，他也不能直接找人家，毕竟人家跟他没有任何关系。

咬住一个对方根本不了解、无从接触的人物，或者无从改变的事物，对方想要让你妥协也无从下手。

四咬：咬没能力

咬没能力，就是强调自己没那么大权力去答应对方的要求，也就是把自己的姿态降得足够低，让对方没有办法直接针对你。

比如，在别人的要求之下，你可以这么说："我是真没这个能力，恕我直言，我就是个打工的，能给您做到这步，已经尽我最大努力了，你再逼我，就是想让我下岗了。"这就是用没能力、降低姿态的方式咬住原则的应用。

在谈判时，最忌讳吹嘘自己的权力，你越把自己标榜得很有权力，别人就越会想方设法地步步紧逼，让你当场做承诺。以低姿态的方式反而比较容易保全自己，"我确实没那能力""我确实没那权力"，或者是"这个我确实不能一个人说了算，公司毕竟是有职责、有分工的，任何事情都有其对应的责任人，而在这方面我是实在帮不了忙"。

表面上很想让步，然后告诉对方自己实在办不到，他也就不好再要求你什么了。

五咬：咬专业性

在谈判中，越专业的人越强势。专业性越强，会显得你原则性越强，面对动不动就引经据典、用术语、用数据说话的人，对方都不好意思提一些非分的要求，因为怕经不住分析，自己打脸。

那些显得很专业的人，有时也经常用这样的口吻："凭我在这方面多年的经验来看，你这个条件是不可能成立的。""凭我对整个行业以及相关同行的了解，你刚才说的那种事情是不可能的。""凭我在这方面的调查研究，我认为在这件事情上，你给我提的要求是不合理的，没办法做到。"你越专业就越让对方无法下手。

通过自己的专业性告知对方：主观上想帮你是一回事，但是客观情况或现实条件下，这是做不到的。

我已将咬住、逼让的谈判功夫总结了上述5个点，除此之外还有没有更牛的咬法呢？当然是有的，接下来我就给大家介绍3个近乎完美的"无破咬"，就是几乎没法攻破的咬功。

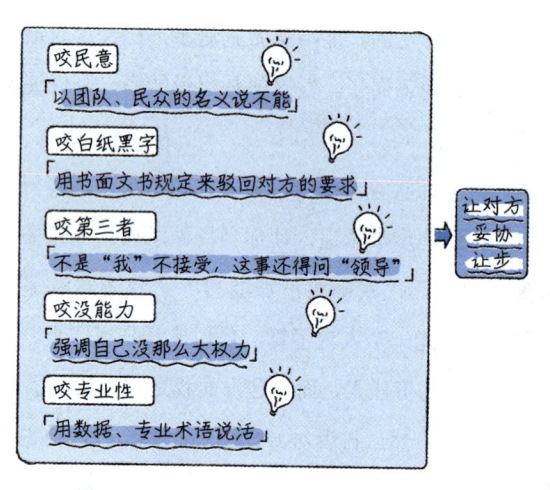

```
咬民意
「以团队、民众的名义说不能」

咬白纸黑字
「用书面文书规定来驳回对方的要求」       → 让对方
                                            妥协
咬第三者                                    让步
「不是"我"不接受，这事还得问"领导"」

咬没能力
「强调自己没那么大权力」

咬专业性
「用数据、专业术语说话」
```

谈判中让对方无计可施的5种咬法

三大"无破咬"

什么是"无破咬"呢？比如在谈判中，你能借助国家民族大义、家规祖训或个人私交去说事，对方往往不好反击，也就无话可说了。

1. 借助国家民族大义

举例说明，拿国家民族大义说事，让人家卖环保产品的老总直接赞助。"张总，咱事业都做这么大了，您是有社会责任感的企业家，支持咱们的活动，就相当于为咱们中国的环保事业做贡献，也算为咱们子孙后代造福，您这份不折不扣的大爱怎么能打折呢"。

这其实就是通过一个道德枷锁似的概念，让对方没办法还嘴，因为你已经把这件事上升到为子孙多造福，为国家环保事业多做贡献的层次了。

2. 借助家规祖训

再说一说家规祖训，这招更狠，当你想让人破例，人家这样跟你说："这是我家祖上多少代传下来的制度、规矩，定下来的标准、原则，您说，这总不能从我这一代改了规矩吧？"

当人家这样跟你说时，你还能怎么反驳？你总不至于咄咄逼人让人改了家规祖训吧？这种理由虽然听起来很虚，但越虚就越抓不着。

3. 借助个人私交

至于个人私交也是一样的，很主观，所以抓不住，让对方无法还击。可以和对方这么说："我跟你们张总是发小，我们从小一起到大，玩到现在，他是最懂我的，我到底还能不能让步，他最清楚了，知道吗？我这个人性格就这样，一就是一，二就是二，从来不跟人玩虚的，答应的我一定做到，做不到的我一定不答应，我以我的人格向你们保证，现在这件事，我的最大承受限度也就这样了，你若还让我再做让步，这实在让我过不去，我想你们张总肯定也不想这样。"就算当面谈，也可以据此不让："我跟张总你也不是一年两年的交情了，你最懂我了，你很清楚我是什么人，要是能同意我一定不含糊，跟自己的好朋友谈，我还能藏着掖着？"

家规祖训也好，个人私交也罢，要的只是给对方一种概念，类似于我在发誓，如果我再有其他的藏着掖着，自己都宽恕不了自己，其实就是给对方表明态度，让对方没办法对你再还击。

上面所说的"无破咬"有时候很有效，但是这方面了解一下就好了，这都是江湖伎俩，不见得适合所有人。不过通过刚才的"无破咬"你有没有发现让别人无力还击的窍门呢？窍门其实很简单，就是抽象描述，令人难以捕捉。无论是国家民族大义，家规祖训，还是个人私交等，都是这样的抽象概念。

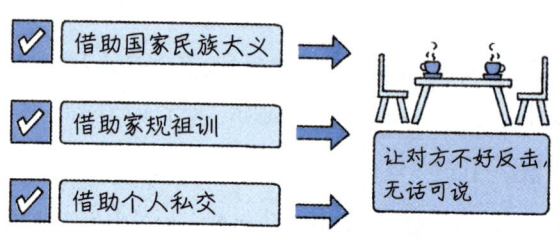

谈判中3种让人无话可说的咬法

除此之外，再说一种"无破咬"的方法，这个方法，我觉得是人人都可以做到的，也是最佳心态表现。

最佳心态表现

有些人心态真的能好到让你无法打击。以前我们单位就有一个这样的同事，他就是心态超级好，无论别人用什么技巧和策略，无论别人怎么逼他让步，他都只是呵呵一笑，然后微笑地注视着对方。

看对方也很无奈的时候，他会悠悠地说上一句："张总，咱们签单吧！"或者是"小王咱们办手续吧"，他向来都是非常憨厚、非常朴实的形象，那一脸无辜，都让你不忍伤害，这是很难去攻破的一个咬功。

一个人有好的心态，有一颗强大的内心，有能够在任何招数面前顶住压力的心理素质，真是非常难得。

CHAPTER 4
第四篇

成功关键在于思维模式

19 | 破功：破解套路

俗话说百招有百解，不管对方有什么招，只要愿意钻研，一定有对应的可破解的招数。

尤其是谈判，更多的时候是一种谋略上的博弈，不怕对方出招，就怕不会还招。之前的章节我们针对谈判也讲了不少的策略和方法，那么在接下来的章节我们将从不同的角度来聊聊谈判的通用思维模式，以方便大家在任何场合都能迁移使用。首先我们要谈到的就是破解谈判技巧的功夫，简称破功。

当对方出了一些奇招，尤其像前一节提到的咬功，他一点不让步，有办法破解吗？当然有！在这一节咱们就重点针对这方面给大家提一些破解的功夫，第一个方面是破解对方咬招的思路，以及对不同咬功的破解方法。第二个方面是常见谈判风格的分类，以及对不同谈判风格的破解对策。

第一方面：破解对方咬招的思路及方法

咬功是最令人无计可施的功夫，虽说咬功很难对付，但我们还是能找到破解之道，让他咬啥都没用，下面介绍5种破解方法。

1. 破解"咬民意"

当对方用咬功第一招"咬民意"的时候，你该怎么回应？

出招：有些谈判者面临逼让时会这样咬住不让："我得跟团队商量商量，我们公司是很民主的，我决定不了，你让我这样做，我没办法给团队交代，也没办法给客户交代。"

破解： 当他用民意来推脱的时候，你就顺着他民意的说辞，把做决定的压力再转移到对方身上。你可以跟对方这样说："民意如流水，不好交代就先不交代呗，大家委托您来，不正是相信您的决断吗？如果一切都需要跟大家商量，您又何必作为代表专门来一趟呢？所以，团队那边的意思，关键在于您怎么跟大家说嘛。更何况，您又不是为自己而来，您代表的不就是民意吗？没有人比您更了解眼前的情况了，您来决定就是在帮大家降低风险啊。"

如此一来，轻松打破对方"咬民意"的防线，把问题又转嫁到对方身上了，让对方认识到，他就是民意的代表，民意选他为代表，就是对他决策能力的一种信任。这样对方就被你架起来了，就有可能不再那么坚持，从而作出一定的让步。

2. 破解"咬白纸黑字"

当别人用咬功第二招"咬白纸黑字"时，你又该怎么破？

出招： 比如有些人会跟你强调："合同都是统一的，规章制度都已经定了，流程都是这样的，制度都是这样，我个人也无能为力，我们公司一直对所有人都是一样的要求"，等等。

破解： 当对方跟你强调这种流程，强调规定，强调制度的时候，这都是在强调什么？规矩！既然有规矩，那就有例外，规矩是人定的，那人的态度更重要。所以，一句话回应他："凡事都有例外嘛，制度是人定的，咱这不是特殊情况嘛，任何事情不都得特殊情况特殊考虑吗？关键还是看您愿不愿意接受我的方案。"相当于还是把压力转移到对方个人身上，给对方制造一定的心理压力，这些话说完了之后，其实也是给对方找到了一个台阶，至少有机会让对方让步。同时，若能多吹捧一下对方的地位、权力、威望，也许就更好办了。

3. 破解"咬第三者"

当别人用咬功第三招"咬第三者"的时候，你又该怎么破呢？

出招： 比如人家说"我得回去跟领导商量商量""我得跟我家人商量商量""我要和财务总监商量商量"等找第三者的托词，如果你发现这其实就是对方的缓兵之计，那怎么办？

破解： 要么通过你的察言观色、分析推理，去直接指出对方的真实问题，点破对方再解决。要么跟对方强调："不管是找谁商量，关键还是看您自己有没有主意，如果自己没主意，找谁商量都可能会背离自己的初衷；如果自己有主意，不找人商量照样也不会对不起自己，今天我们都聊到这了，我想先听您自己什么看法。"

同时，"拒功"中也讲了不少应对请示第三方的策略，比如"以彼之道还治彼之身"等。

如果这些还不够用，你可以再好好回顾一下之前"解功"里的解除抗拒的6步，你要学会清楚界定对方的问题，搞清楚对方问题的真假，是否是最后唯一的问题，学会框式要对方的承诺，想办法去框式加强对方兑现承诺，这些都是我们解决对方托词性理由的相关办法。

4. 破解"咬没能力"

当别人用咬功第四招"咬没能力"的时候，你又该怎么破呢？

出招： 比如他跟你说："我就是个打工的，真决定不了，你再逼我，你就是想让我下岗啊！"

破解： 人都有同情心，但谈判时不能太用情，因为对方可能不像你看到的那样可怜。所以，这种时候，可以这样回应他："兄弟，我也不想为难你，你要实在没能力，那你给我推荐有能力的，我去跟他聊聊。"或者说："你要实在没权力，你给我推荐一下有权力的人。"其实很多时候对方自己就能做决定，只是给你摆出一副为难的样子，你这样一说，对方不给你推荐的话，就基本代表他能决定。所以针对"咬没能力"，让其推荐有能力的人出面就好了，这样可轻松破解僵局。

5. 破解"咬专业性"

那当别人用咬功第五招强调其专业、经验时，你又该怎么破呢？

出招：比如人家用"凭借我多年在××方面的经验""凭我们对行业数据的了解""凭××方面的市场调查""凭我们掌握的可靠消息""××理论曾经提过……"等说法来强调"这件事要怎样怎样，不能怎样怎样"，当对方用这种专业的口吻向你施压的时候，你怎么破呢？

破解：不怕别人专业，就怕自己太不专业，他拿你不懂的来吓唬你，你就拿他不懂的来回应他。所以，破解此招也很简单，你可以找一个自己有把握的专业方向，从对方不见得很熟的专业角度再做分析："也凭借我们在××方面的专业调研，根据××方面渠道对整个行业的了解，您刚才提到的报价还是高了。"或者说："凭我们对你们行业的相关调查，据我们掌握的行业分析数据，我们了解到，您的价格还是可以变通的。"所以，你也要变得专业，专业对专业，只不过拿出来说的是跟对方不一样的专业，你也可以拿出资讯迷局来迷惑对方。

当然，别被人蒙了。比如他说调查过你们这行业的情况，从成本投入、利润分析或竞品定价等不同角度分析，你们这产品还有很大利润空间，以此想逼你让步。此时你也要学会用专业的数据回击他，把一些对方不见得懂的隐性成本放大，通过你的专业和自信去迷惑对方，影响对方。

以上就是破解对方 5 种常用咬招的主要思路和方法，简单说，针对民意的咬，要告诉对方民意如流水，并非必须交代；针对白纸黑字的咬，要告诉对方凡事都有例外，制度都是人定的；针对第三者的咬，就是托词性的咬，要找到"解功"拆穿本质；针对没能力没权力的咬，那就找有能力有权力的人谈；针对专业性的咬，要根据其他专业数据还击。

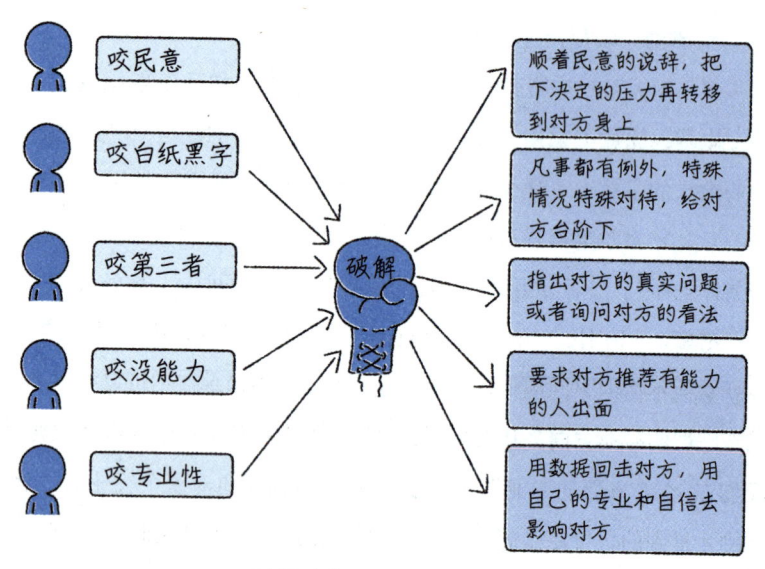

咬民意 → 顺着民意的说辞，把下决定的压力再转移到对方身上

咬白纸黑字 → 凡事都有例外，特殊情况特殊对待，给对方台阶下

咬第三者 → 破解 → 指出对方的真实问题，或者询问对方的看法

咬没能力 → 要求对方推荐有能力的人出面

咬专业性 → 用数据回击对方，用自己的专业和自信去影响对方

破解对方咬招的 5 个方法

破解咬招的 5 个方法我们都掌握了之后，再聊聊第二个方面，谈判风格的分类及破解对策。

第二方面：谈判风格的分类及破解对策

谈判风格到底有哪些分类，不同风格又应该如何破解呢？下面介绍 4 种不同谈判风格及破解对策。

1. 活泼型

风格说明： 一般情况下，活泼型谈判者的特点是不善于聆听，善于表达，表演欲强，相对直率，缺乏城府，大型场合有欠稳重。此类风格适合较为简单或者是现场买卖型的谈判，绝对不适合去进行大型谈判。

那么针对这种人的破解对策是什么呢？

对策解析： 很简单，与这种活泼型谈判者谈话的时候，要善于听他说话，让他充分表达，他爱说你就让他说，但是言多必失，通过聆听和观察，你一定可以听出他的破绽，抓到他的重点和弱点，收集到足够多的信息后给他打击，所以这种类型的谈判者是比较好对付的。

2. 力量型

风格说明： 力量型谈判者的特点是强势，这种人的控制欲非常强，喜欢用实力维护自己的利益，他基本不会为对方着想，有点咄咄逼人。那么与这种人的对战应该怎么办呢？

对策解析： 针对这种人的对策，首先就是在他面前一定要克服自己的紧张情绪，不能表现软弱，一定要仔细分析他的漏洞，坚决回击。每个人都有弱点，每个人也都有比较着急的时候，所以我们要自信回击，不能让他太过嚣张。

3. 完美型

风格说明： 完美型谈判者的特点是比较消极，任何事情他都容易想到最坏的一面，并且他不会被别人左右，特别谨慎。在他眼里，谈判桌上一切友好的表现都带有险恶的目的，包括对他的赞美。那么针对这种人我们该用什么破解对策呢？

对策解析： 对这种人的对策跟力量型相似，最好是完美对完美，你也挑心思缜密的人去跟他谈，减少对他的恭维。因为完美型的人会把你的恭维赞美都往坏的方面想，所以你对他的恭维，有可能会让他认为你另有所图，对他们不要轻易赞美。但是可以结合事实表示在某方面真心的佩服，表达欣赏时一定要谈得具体，因为这种人对数字和事实很敏感。

4. 平和型

风格说明： 平和型的谈判者往往都害怕出现纠纷，原则性不强，有时会为了合作忍气吞声，总希望和平解决。在历史上也出现过很多这样类型的人，比如战争年代的主降派总是缺乏主动制约精神，害怕出现纠纷，所以才促成了很多丧权辱国的协定。那么针对这种人我们该用什么破解对策呢？

对策解析： 平和型的谈判者最容易对付，可以利用其弱点制造纠纷，坚定地逼其就范，你越强势越坚定地制造麻烦，对方就会一让再让，这就是针对平和型对手的破解对策。

以上就是谈判风格的分类及破解对策，可以分析一下你属于这4种类型的哪一种，在面对对手时，更应该仔细分析对手有可能是什么类型，以及对他们应该采取什么破解对策。

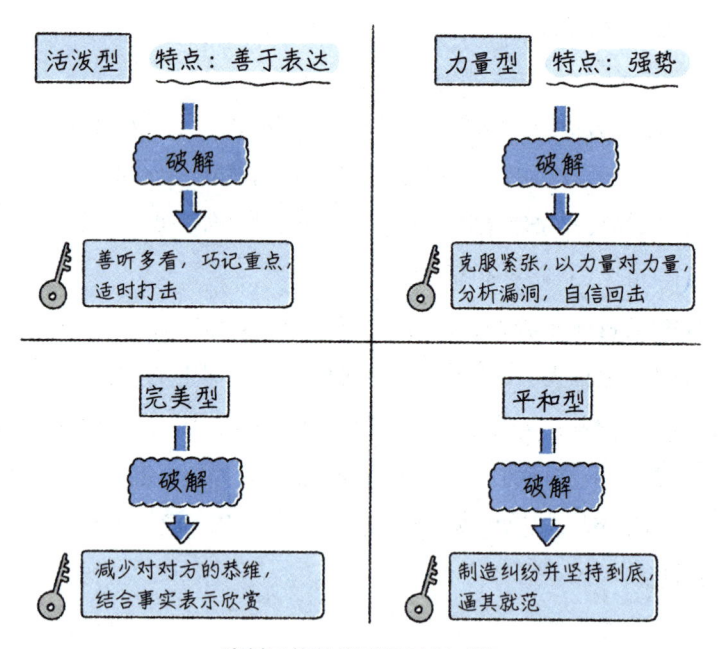

活泼型 特点：善于表达	力量型 特点：强势
破解 ↓ 善听多看，巧记重点，适时打击	破解 ↓ 克服紧张，以力量对力量，分析漏洞，自信回击
完美型	平和型
破解 ↓ 减少对对方的恭维，结合事实表示欣赏	破解 ↓ 制造纠纷并坚持到底，逼其就范

谈判风格的类型及破解对策

20　让功：让步牵制

谈判就像打太极，有退有进，有时候以退为进反而是最好的方式。在之前的几节咱们一直在谈如何让对方妥协退让的谈判技巧。其实，谈判是一个彼此妥协的过程，我们有效的主动退让，有时不仅不会让自己受损失，反而能得到更多。在这一节，咱们就好好聊一聊让功，让功就是在谈判中有效让步牵制对方的功夫。

我们如何才能通过让步去牵制对方，保住自己的阵营，并且还能让对方做出更多的妥协呢？在这一节里，我将从4个方面给大家一些建议，以帮助大家在让步牵制上能够有所收获。

第一方面：让步的3个注意事项

对孩子无理要求的一味让步，宠坏了孩子；对坏脾气的一味让步，引来了家暴；对官员倒行逆施的一味让步，造成了腐败；对坏人恶行的一味让步，造就了罪犯……谈判也是如此，没有原则的让步只会让自己步入更不利的境地。所以，有3句话一定要记住。

1. 让步不要回报，只会让对方步步紧逼

一定要记住，如果别人让你让步你就让步，或者你平白无故地主动让步，都会暗示或激励对方可以继续逼你让步，这种毫无门槛的让步，就相当于让对方白白捡钱了，对方很容易认为后面还有好处可榨。

不要回报的让步，往往显得很不值钱，很难让人珍惜、感恩，所以，对方自然也不会因此对你让步。甚至这种示好方式往往会让人猜测你另有所图，反而渐渐质疑你。所以，当好人也要讲方法，尤其是谈判

场合。一定要记住，要有回报的让步，才是有分量的让步。

当对方觉得一切都是顺理成章的时候，就会得寸进尺，步步紧逼。所以，我们让步一定要建立在对方想要，而我们很困难地做出让步的基点上，只有在这种情况下，才会让对方有一种战胜你的感觉。对方也不会一直联想你背后到底还有多大利润，同时你这种有分量的让步，才能让你趁机向对方要回报，获得谈判成功。

2. 让步要回报，你的让步立刻升值

对方在什么时候会觉得你的让步有价值？当然是需要对方付出代价的时候。在人的认知中，获得的价值和要付出代价是成正比的。

比如谈判中，对方一直逼你在价格上再做出一些让步。你可以反问：如果我再让，那你又能为我做什么？你又能给我什么补偿？

这样一来，压力反转，对方怎么回答都不会太圆满，因为他必须用严密的思维来证明他的弥补方案值得你让步的价格。因为你反问之后，就占据强势地位，总能抓住漏洞来否定对方，说出不值的理由。

总之，你越在乎回报，对方就越觉得你的让步有价值，就算你不接受对方，你也可以让对方感激你。具体做法就是你先反问对方给对方施压，经对方一番纠结后，你可以大度地收回反问，不再要求回报地让给对方一点，这番过程就会让对方觉得你的让步很有价值。

所以你一定要在让步时养成要回报的习惯，从而让你的让步变得更有价值，同时也会让对方感觉赢得了面子。

3. 回报可以不具体，但关键是不要引发对抗

要回报，可以反问对方能给你什么好处，让对方说。然后对方不管说什么，你都可以继续追着不放，可以说给得不够，步步紧逼，有可能到最后对方都不好意思再让你让步了，只要你的反问是合理的就可以了。

你可以给对方提出想要回报的方向，不要太过分，以免引发对抗。

比如，你想让对方让步，对方若说"绝对不可能，除非你……"，很容易造成谈判僵局，这也无形中升级了你们之间的对抗性。

跟人谈判，不能太憨，要像柔道术一样，能够有韧力有弹性，既不失制胜目标，也不失场面和气，方为高手。无论怎样，我们在让步要回报上，都要习惯应用这句话：如果我能为你做这个，你会为我做什么呢？

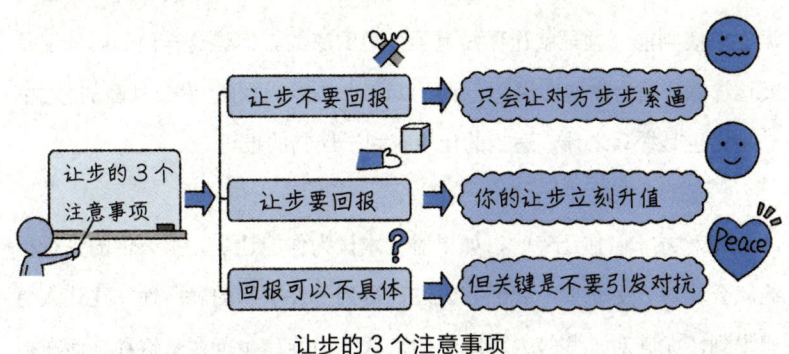

让步的 3 个注意事项

- 让步不要回报 ➡ 只会让对方步步紧逼
- 让步要回报 ➡ 你的让步立刻升值
- 回报可以不具体 ➡ 但关键是不要引发对抗

让步的 3 个注意事项

第二方面：对方紧逼回报的情况下如何让步

在对方紧逼回报的时候，为了不造成谈判僵局，我们该如何让步？在这里谈谈让步的 3 个策略。

策略 1：坚持原则下以个人方式让步

一般情况下，公司的统一规定就是原则，你要跟对方强调价格等涉及公司原则，谁也改变不了，不过你个人可以给对方做些让对方都不忍强求的让步，比如拿个人奖金等名义，可以这样说："公司定多少钱就是多少钱，这都是统一的，肯定降不了价。不过你把话也都说到这份上了，那我个人给你垫吧，全当作我不拿奖金了，或者我奖金下来后补给你，这总可以了吧？"这就是在坚持大原则不变的情况下，我们以牺牲个人利益的方式，让对方不便再强求苛责。

策略2：通过找上级争取的方式让步

对方非逼你让步时，你还可以表现出为他争取利益的一面。通过找上级争取的方式，让出的每一步，都会让他感激你。

比如你可以这么说："我是实在没办法，那这样吧，我找上级争取一下，我不确定是否能成，但我会尽力。"往往"争取"后都能"争取"到一些惊喜。很多时候请示上级只是逢场作戏，因为一般情况下，公司派你来谈判前，领导就让你知道了公司的底线。但该这样做的时候还是要这样做，因为你这样说，一是可以让对方很有面子，有一种赢的感觉；二是这也是缓兵之计，适当的让步有利于谈判的推进。

策略3：先拒绝再让步

在对方非逼你让步时，如果对方本认为你能让步，那么你的先行拒绝就会让对方更想要，我们有讲过，得到一件事物的障碍性往往让人更想得到，尤其对一些被人为限制的东西，拒绝让步就属于这种。而在拒绝之后的让步，往往就会像遭受牢狱之困的囚徒重获自由一样，得之令人惊喜。

比如你可以先这么说："要按您提的这个想法，我是真得下岗了，我已经尽最大努力了。"在让对方认识到问题后，可以从交情的角度，以帮忙的口吻，跟对方再提出来："这样吧，我在别的方面给您想想辙吧，也让您心里更好受一点，正好我们在向公司申请……计划/活动，有一些VIP合作伙伴有特惠名额，我看能不能帮您也申请特批一个。"不管结果如何，如此私下关怀，经常能让对方感激你。

所以，上来先关掉所有门，但最后再给对方打开一扇窗，有难度的甜头，才会让对方觉得你的让步更甜，这就是先拒绝再让步。

第三方面：谈判后期的缩量让步法

所谓缩量让步，就是每次让步都要让对方感到越来越稀缺，越来越不容易。

把握好让步的节奏和幅度，才会让对方慢慢打消逼你让步的念头。我在这方面给大家提一些建议。

建议1：让步绝不能一次到位

就算你一步到位让到了自己的底价，但对方经常会不信这就是底价，所以还会继续跟你砍，你若不能再让，就不能成交，即使成交了也让对方面子上很不爽，没有达到完美谈判的效果，这就是一次到位让步的后果。

同时，也永远不要相信一口价这种事情，尤其是在能讲价的场合。生活中，你经常能够听到"一口价多少钱"这样的话，其实对方也有可能在狮子大张口，也有可能就是个幌子，往往水分还有很多。

建议2：减小让步幅度，增加让步难度

你的让步会让对方心里形成固定期待。所以，我们的让步幅度要越来越小，让步难度要越来越大，这样才会让对方的期待变得越来越小，对方才会逐渐地不想让你再让步了。

建议3：减小让步速度和次数

除了让步的幅度要越来越小，我们还要坚持让步的速度越来越慢。你的让步速度越来越慢，对方获得让步的难度便会越来越大，留给他的谈判时间也越来越少；对方不想将努力白费，就会越来越急，从而使你占据谈判优势。

同时我们还要坚持让步的次数小于5次，否则就会形成一种让步惯性，让你不经意间就让出去好多不必要让的好处，甚至都可能超出了自己的可承受范围。比如，刚开始你10分钟就做出了第一次让步。第二次

让步就需要多一些时间，因为你时间拖得越长，就会打破对方的期待，对方会觉得难度越来越大，甚至到后期他自己都会觉得他的这种行为已经得不偿失了，再要求也没什么希望了。

所以，让步的幅度要越来越小，让步的速度要越来越慢，让步的次数要小于 5 次。坚持这些让步原则，是为了降低对方的期待，当他们这样想的时候，你就快成功了。

建议 4：让给谁有时候比怎么让更重要

比如最后对方还要你让步，你可以说："这样吧！我没办法让步了，不过我看您爱人平常也挺注意保养的，我给她想办法多弄点赠品礼盒吧，前段时间我们举办了一个答谢老客户的活动，我专门留了一些特别好的礼物，别让我们其他客户知道就行，这个经典套装就送给您爱人了。"尤其针对大客户，通过让步使他的至亲至爱满意，这就是让给谁比怎么让更重要。

最后提醒一点，同时也要留意对方的让步幅度，学会打乱对方的节奏，可以使对方做更多的让步。这就是谈判后期的缩量让步法，千万不要在一开始就用，只有后期这样做，才有可能以更小的代价做成更大的交易。

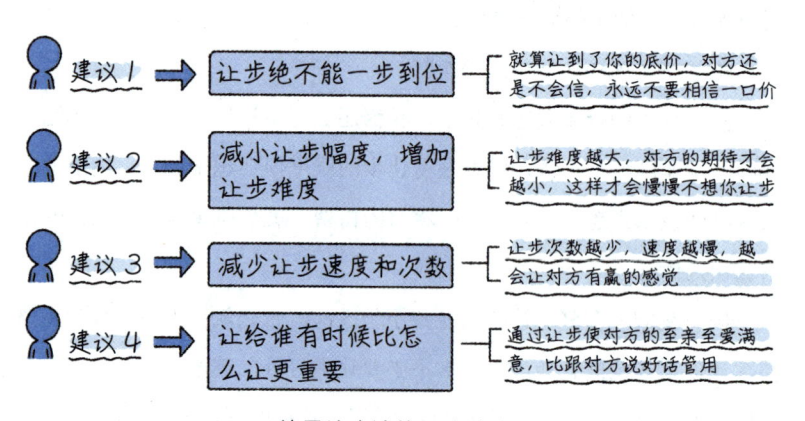

建议 1 →	让步绝不能一步到位	就算让步到了你的底价，对方还是不会信，永远不要相信一口价
建议 2 →	减小让步幅度，增加让步难度	让步难度越大，对方的期待才会越小，这样才会慢慢不想你让步
建议 3 →	减少让步速度和次数	让步次数越少，速度越慢，越会让对方有赢的感觉
建议 4 →	让给谁有时候比怎么让更重要	通过让步使对方的至亲至爱满意，比跟对方说好话管用

缩量让步法的 4 个建议

第四方面：谈判结束时的额外让步法

我们多次强调过，完美谈判的精髓是：面子上我输你赢，实际上我们双赢。在谈判结束之际，如果能让对方觉得他占了便宜，就会让对方感觉良好，这才是双赢的谈判。那如何在谈判结束的时候，实现这种完美的结局呢？给大家提4点忠告。

忠告1：额外的惊喜会让人感动。一般情况下，在谈判结束时，我们都要做出一些额外的小让步，制造意外的惊喜，目的是让对方感觉良好。额外的惊喜到位的情况下，从感情上他会感激你，后期才不会随便反悔已经达成的合作，即使他们公司后期有一些不利于你的决策，他甚至有可能第一时间与你商议。

忠告2：让步的时机要做好安排。时机比让步的幅度更重要。当一切都已成定局，为了跟对方能够更友好地合作，私下再给对方点意外之喜，才显得格外有价值。有些人觉得反正都已经成交了，也让我赚到了，没必要再这么做，这种价值观不会让生意太长久。其实额外再给对方一些小的好处，不会花费多少，但收获甚大。时机选择好，就是人情；时机选择不好，便达不到效果。

忠告3：不管怎样都不吝赞美。谈判结束后，能额外赠予一些实实在在的好处，本身就是一种人情味的体现。同时，不管对方表现如何，一定要赞美对方："您可真会谈判，我从来没有遇到过您这样的对手，您真是太厉害了，我太佩服您了！"赞美的话，没多花你一毛钱，但却换来了对方更好的交易体验，也会极大地提升对方的满足感和成就感。你的赞美之词给对方带来了美好的感觉，这种快感很可能会反映在你们后期的合作顺利程度上。

忠告4：不要得了礼物忘了原则。有些时候对方也会在谈判结束的时候给你做出一些额外的让步或者送你一些小礼物、小惊喜，但要记住，千万不要得了对方礼物之后忘了自己的原则和底线。因为有些人送你礼物，并非出于人情的延伸，而是出于深不可测的心机。所以，一定要善于鉴别，有些别有用心之人会借此让你有一定的负担，在互惠原理的驱使下，让你再做出一些原则上的让步，那你就吃大亏了。所以，面对馈赠，要分清是善意还是陷阱，既不能一概拒绝，也不能接受了之后又一再让步。

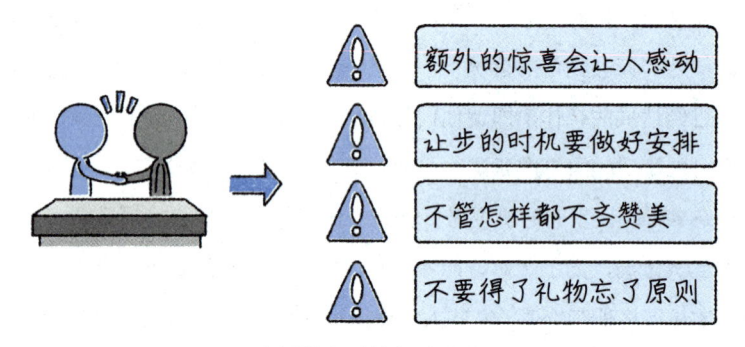

谈判结束时的额外让步法

这些就是谈判结束时的额外让步法及注意事项。

让功这一节，我们从4个方面，给大家分享了用让步牵制对方的功夫。①让步有3个注意事项；②对方紧逼回报时的3个让步策略；③谈判后期的缩量让步法的4项建议；④谈判结束时的额外让步法的4个忠告。

谈判的功夫就是伯仲之间的斗智斗勇，咱们这些章节也讲了不少谈判思维和技巧，只有厚着脸皮不断去谈判，去争取破解，你才会真正领会谈判的精髓。让功就是鼓励我们在不丧失原则的前提下，在恰当的时机、用恰当的方式，既牵制对方，又传递人情味。所以说，会谈判的人都是成熟有度的天使。

21 | 势功：借势造势

先说一个关于国际贸易中的谈判故事。

日本的铁矿石和煤炭资源短缺，大部分依靠进口；而澳大利亚盛产煤炭和铁矿石，在国际贸易中不愁找不到买主。按理说，在这种国际贸易中日本人的谈判地位低，不占优势，但日本人经常想尽办法把澳大利亚人请到日本去谈生意，澳大利亚的谈判者到了日本后，谈判中的相对地位就发生了显著的变化。

澳大利亚人过惯了舒适的生活，他们的谈判代表到了日本之后没几天，就急于想回到家乡别墅的游泳池、海滨和妻儿身旁，在谈判桌上常常表现出急躁的情绪；而另一方面日本人为了加强主动地位，开始与其他国家的供应商频频接触，洽谈相同的项目，并有意将此情报传播出去，同时通过有关人员向澳大利亚供应商传递价格信息。然后作为东道主的日本谈判代表则不慌不忙地跟澳大利亚人讨价还价，并且非常讲究礼仪，让澳大利亚人既着急结束谈判又不好拒绝日本人的盛情。结果日本方面仅仅花费了少量接待经费，就在谈判桌上取得了巨大的利益。

日本人在了解了澳大利亚人恋家的特点之后，宁可多花招待费用，也要把谈判争取到自己的主场进行，并故意传播情报使本想早点回家的澳大利亚人更有紧迫感，日本人充分发挥了主场之势、时间之势、情报之势，让自己掌握谈判的主动权，使谈判的结果最大限度地对己有利。

一个在谈判中会借势造势、有足够势能的谈判高手，即使不需要别的谈判技巧，通常也能让对方示弱妥协。

所以，在这一节里咱们就好好聊聊势功，势功其实就是借势造势的功夫。下面重点从借时间之势、借混乱之势、借权威之势 3 个方面给大家提供一些建议。

第一方面：借时间之势

谈判过程中，谁有时间谁占优势，谁没时间谁占劣势。通俗地说，越耗得起越占便宜，所以，借时间之势就显得尤为重要。

首先你要认识到，谈判的过程中通常 80% 的让步都在最后 20% 的时间里做出。

谈判和说服不一样，说服重视前半程，而谈判重视后半程，说服是从无到有地让别人接受，谈判是从已有的格局中让别人妥协。

谈判往往玩的是心理战，不到最后绝不妥协。每个谈判者心里都有一个妥协底线，只有在时间紧迫的时候，才做出相关让步，所以选准谈判施压的时机非常重要。比如前面日本向澳大利亚进口煤炭和铁矿石的例子，就是日本特意利用了澳大利亚人急于回家的特点，借时间之势让对方妥协。

在时间之势的把握上有 6 点建议。

1. 善于发现对方的时间压力，适时施压

你要知道，双方在谈判的时候其实都有时间压力，所以我们要懂得发现对方的时间压力，适时地去给对方施压。

比如一个要向你买东西的妇女，本来还想跟你砍砍价，而你通过她刚才打电话等言行，看出来她一会儿要去学校接孩子，你就可以先拖她一会儿，让她主动放弃砍价的想法，由于时间紧迫，她就没心情跟你砍价了。

2. 掐算好对方的时间压力，最后再出手

掐算好对方的时间压力，不要提前打草惊蛇，等最后再出手，才能

打对方个措手不及，这是很重要的借时间之势的应用。等对方到最后没有退路，不得不推进合作方案时，你再出手，谈什么条件，只要不过分，对方基本都会答应。因为对方在比较急的状态和情绪下，就更没有向你提条件的优势了。

很多时候，即使对方本身有时间优势，也可以创造让对方时间紧张的局势，这往往是谈判高手常用到的最后期限策略。

在谈判中，日本人最善于运用最后期限策略。德国某大公司应日方邀请去日本进行为期4天的访问，以草签协议的形式洽谈一笔生意，双方都很重视。德方派出了由公司总裁带队，财务、律师等部门负责人及夫人组成的庞大代表团，代表团抵达日本时受到了热烈的欢迎。在前往宾馆的途中，日方社长夫人询问德方公司总裁夫人："这次是你们第一次光临日本吧？一定要好好旅游一番。"总裁夫人讲："我们对日本文化仰慕已久，真希望有机会领略一下日本悠久的文化和风土人情。但是我们安排得太紧张，已经订了星期五回国的返程机票。"

结果，日方把星期二、星期三全部时间都用来安排德方的旅游观光，星期四开始交易洽商时，日方又搬出了堆积如山的资料，"诚心诚意"地向德方提供一切信息，尽管德方每个人都竭尽全力寻找不利己方的条款，但尚有6%的合同条款无法仔细推敲，就已经到了签约时间。德方进退维谷。不签的话，如此高规格、大规模的代表团兴师动众来到日本，却空手而归，显然名誉扫地；签约的话，又有许多条款尚未仔细推敲。万般无奈，德方代表团选择后者，匆忙签订了协议。

3. 绝不能暴露自己的时间压力

绝对不能让对手知道你有时间压力，因为对方对你知晓越多，你就越被动。谈判中，我们一定要做到知己知彼，并尽量做到让彼不知己，这才是作为一个谈判高手应该有的水平。同时还要提醒的是，你有没有时间压力并不重要，关键得让对方相信你没有时间压力，这样对方才会紧张。

4. 反用时间压力，不"破"就"逼"

要学会反用时间压力，对方不表现出来时间紧迫感，你就步步紧逼。要相信不论哪一方，其实都可以找到对方比自己更急的地方，就算没有也可以给他制造时间紧急的状况。

面对时间压力，最后再给大家提一个重要对策，就是戒急用忍。你可能也会遇到有时间压力的时候，那你又该怎么去应对呢？四个字——戒急用忍，你要能忍得住。

5. 谈判筹码越多越易胜出

还要记住一点，在双方都有时间压力的情况下，谈判筹码的多与少和胜负息息相关，就是谁的筹码多，谁胜出的概率就大一些，你没有时间优势的话，你就得有其他的优势作为筹码，比如你的选择权、专业性、惩罚力、权威度等。

6. 坚持原则

还要提醒你的是，在追求的方向上，要坚持坚持再坚持，相信一切都可以被接受。反正你投入的时间已经回不来了，所以更不能轻易地给对方做出让步。所以你要坚持住，直到他没有时间、没有耐心跟你耗下去。与人谈判，很多时候都是一种意志力的较量。你只要足够坚定，时间常常会帮你创造机会、扭转局面。

当然在这里要特别跟大家提示坚持的两个前提。

前提1：你已经知道你的坚持是对的。

前提2：再坚持会让对方妥协而不是让谈判破裂。

在实际谈判中，无数事例证明，如果你感到自己的优势不明显，或局势对你不利的话，千万别忘记了戒急用忍。因为谁有时间谁就有实力，所以我们要让对方的时间压力显化出来，逼其就范。谈判中经常有一些话是语气很软，语势很硬，比如说："没事，我无所谓啊，关键在你。"这样的话就在暗示：我可以再等等，关键是你等得了吗，就算你说你等得了，跟你相关的某人或某事等得了吗？这就是借时间之势给对方施压。为什么有些不正规的借贷公司，专门针对那些着急用钱的人放高利贷？因为这些人没有谈判的时间优势，等不了，所以不得不接受高利息。

所以，谈判时一定要创造自己的时间优势，找到或制造对方的时间劣势。

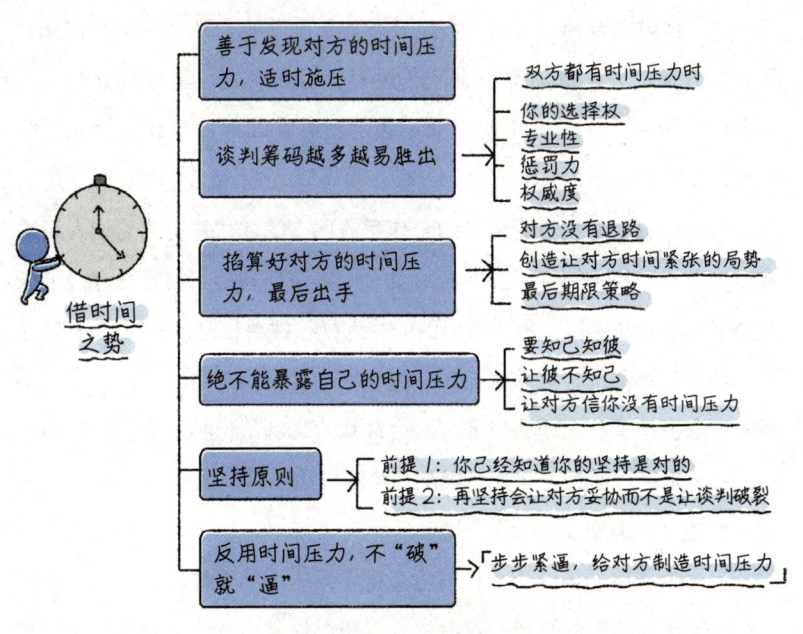

借时间之势

- 善于发现对方的时间压力，适时施压 → 双方都有时间压力时
- 谈判筹码越多越易胜出 → 你的选择权／专业性／惩罚力／权威度
- 掐算好对方的时间压力，最后出手 → 对方没有退路／创造让对方时间紧张的局势／最后期限策略
- 绝不能暴露自己的时间压力 → 要知己知彼／让彼不知己／让对方信你没有时间压力
- 坚持原则 → 前提1：你已经知道你的坚持是对的；前提2：再坚持会让对方妥协而不是让谈判破裂
- 反用时间压力，不"破"就"逼" → 步步紧逼，给对方制造时间压力

把握时间优势的 6 点建议

第二方面：借混乱之势

第二个谈判借势策略，是借混乱之势。原则上来说，人人都怕混乱，怕麻烦。当人面对混乱、麻烦的局面时，就想快点摆脱。

站在谈判的角度，如果对方有麻烦，你要想办法提醒放大对方的麻烦，让对方把麻烦变成着急解决的问题，而解决又必须有求于你的话，那对方就会想办法主动做出让步，甚至当机立断满足你的要求，这就是借混乱麻烦之势，让对手束手就擒。

尤其在当今这个快节奏的时代，比如说手机上各种 APP 注册的电子协议，大部分人都不会看，就直接同意了，对吧？你现在早已不知道在多少 APP 里留过个人信息了吧？哪怕涉及财务安全的，也是一样，很多理财类、保险类合同，是不是经常让你也一头雾水？那么多页，你作为要签约缴费的人，竟然都没有工夫没有心情去研究，就直接签约了。对方已经做到了让你看不明白或不想看就缴费的地步，你说他能不赚钱吗？

所以，放大麻烦再提出简约合作手段的方法，往往更容易让人避重就轻。在一个复杂的合同面前，只要有一定信任基础，很容易直接上来就签字。因为嫌麻烦，所以做出的一些选择往往会让自己变得被动！

其实借助混乱之势给人施压，是谈判者的常用策略。所以，千万不要被对方搞晕了头，因为对方有时会故意给你制造一种混乱，以乱你方寸。以下是经常遇到的 3 种借混乱之势的方法和对策。

方法1：杂糅

有时为了增加你的压力，对方会把不同方面的事情糅在一起，给你一种"数罪并罚"的阵势，这时候你要想办法用拆分法把对方糅在一起的事一一拆开，一码归一码，给对方算细账。

经常会有一些谈判高手把一些乱账弄到一块给你施压，这时你就要想办法，一条一条理清跟对方交涉。这就是在危机谈判中，不要被对方的混乱之势搞晕了头，保持你的清醒。

方法 2：耍无赖

现实生活中有些人就是不讲理，很有可能这是在故意制造一种混乱，有些时候也是逼人就范的一种类型。如果你遇到别人向你用这招，和解不了的，该走法律程序就走法律程序，强制性手段关键时刻还是很有效的。一个公司哪怕规模不大，也要有自己的律师顾问，因为律师会帮你避开很多生意上的风险，哪怕面对的是无赖。

方法 3：趁火打劫

还有一种借混乱之势的方法就是趁火打劫，不过还是要特别提醒大家，趁火打劫的关键在于"趁火"，有没有这把火是你能否"打劫"的前提，总之你要找到这把火，才可以借混乱之势让对方妥协退让。如果别人给你用这招，你很难防得住，但你仍然要尽可能地做好痕迹管理，多留证据，早晚还会把丢的东西追回来。

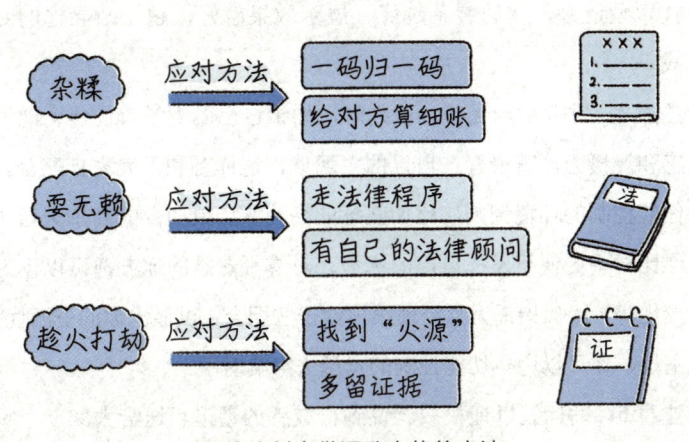

3 种谈判中借混乱之势的方法

第三方面：借权威之势

通过外在的权威形象能让对方更容易顺从，我们要学会借权威之势。在这方面，要注意以下几点。

注意1：谈判形象要应景。一定要记住，你坐在什么样的位置，就要像什么样的人，形象就代表了气场。谈判桌上尤其如此，你若不注重形象，让对方觉得你只是来试探的，对方是不会跟你开诚布公地谈的，有可能都不会跟你谈，因为对方会怀疑跟你谈判无效。

注意2：借头衔谈判。你跟人谈判的时候要注意，头衔该用一定要用，尤其是高级头衔。没有高级头衔，也要给自己编一个好头衔，为什么？因为头衔越高级，给别人越权威的感觉，同时也给别人展示了你的话语权，别人便愿意跟你谈，也愿意和你敞开了交换条件，这样的话你就可以争取更多。

注意3：摆阵势体现权威。谈判的过程中，有些时候适时给自己安排一个秘书，能够增加你谈判的威严，让你在谈判场合有一定气势。甚至技术型谈判，你的装备越好、展示效果越好，越能凸显你的专业和权威。

注意4：发挥主场优势。谈判时，如果自己的主场有优势、能增强信赖感和震慑力，就最好在自己的主场谈，这样有利于大家打配合。或者去你能控制的环境谈判，比如熟悉的高档酒店或朋友的高尔夫球场，这样你比对手更便于发挥自己的优势，对方不熟悉的地方都可以作为你的隐形优势，比如指挥大堂经理跟你做一些配合，以显出你的资源优势。你的主场，你可以用一切能控制的资源去影响对手。

注意5：贴标签以证权威。说到权威感的塑造，送给大家一个字，那就是"最"。"最"本身就是一种权威，你可以在自己的某项优势上，以及在介绍自己或产品某项功能时，给自己来一个"最怎么样"的定义。比如，我们是审批最快的……，效率最高的……，最前沿的……，最系统的……，最经济的……，等等。你这个"最"字的标榜，会让对方受影响，衬托出你或你背后产品的权威性。

注意6： 借权威以提权威。增加权威感还可以通过对政策趋势的解读、专家名人的预言、行业术语和法规条文的流利表述等，或者提自己组建的专家团队、法务部门、研发中心等，或者强调公司的统一定价标准、流程制度都是找知名的专业顾问团队做的，等等。凡此种种，都可以提升自己的权威性，因为这样会让人觉得你道行深、老江湖、不好唬、不好逼，对方本身可能准备了很多的招数，想用也不太敢用了，因为怕被你看出真相。这就是权威之势的影响力。

以上就是有关势功的三部分方法的介绍，想在谈判中占尽优势，就要学会借时间之势，借混乱之势，借权威之势，懂得借势造势，才能让对方不战自退。

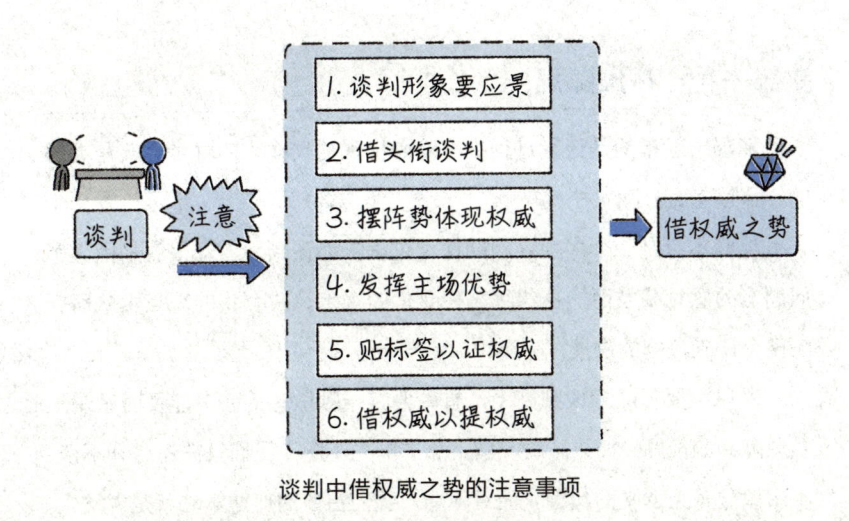

谈判中借权威之势的注意事项

1. 谈判形象要应景
2. 借头衔谈判
3. 摆阵势体现权威
4. 发挥主场优势
5. 贴标签以证权威
6. 借权威以提权威

→ 借权威之势

22 | 变功：以变破局

在与人谈判的过程中，我们难免会遇到难以往下进展的困局。这个时候，就尤其考验我们身为一个谈判者的变通能力。一个不善于变通的谈判者，算不上谈判高手。在这一节里，咱们聊聊变功，即以变化破解困局的功夫。

这世界上唯一不变的就是变化。谈判更是如此，虽然有章法套路可循，但谈判毕竟是利益分配上的较量，什么状况都有可能发生。尤其是应对谈判中常见的障局、僵局或死局等局面，我们必须要具备以变解局的能力。

所以，下面我们便通过这3种情况给大家提提意见。第一种情况就是如何智破障局；第二种情况是如何智破僵局；第三种情况是如何智破死局。

第一种：智破障局

障局一般指的是谈判过程中有障碍出现的局面，一时半会儿是无解的。那该怎么办呢？

谈判本身是一个多项议题的探讨过程，而谈判双方却很容易因某个问题上的意见分歧而一直纠缠，你有你的观点、我有我的观点，从而影响整个谈判议题的进展。

所以，要想成为谈判高手，首先要有一颗敏感的心，能及时敏锐地发现障局的问题。如果一时无解，那干脆先不解，我们只需先绕开不谈，不用做过多无意义的纠缠。面对障局，我们主要的变通策略就是"绕"。

以"绕"为变通，有 3 项原则值得参考。

原则 1：转移焦点

可以跟对方明确："既然眼前问题我们不能立刻达成统一意见，那不妨先把这个问题放一放，咱先讨论其他问题可以吗？"当通过商量的口吻，征得了对方的同意，我们就可以先解决其他问题。

原则 2：从小切入

从一个个小的问题切入解决，只要我们不断地解决了很多其他的小问题，这个大问题就有可能不攻自破了。就像你跟下属定目标，若你一下给他定下一年指标，他会有抗拒，因为不确定因素太多，他也怕完不成。但将工作量分解到每个月，他会发现完成年度目标并不那么可怕，因为每月工作量是他心中有数、能把握的。同理，谈判遇到障碍时，我们可以先解决分解后的小问题，从而把大问题逐步化解。

原则 3：坚守原则

以"绕"为变通，还要相信时间的力量。坚信时间会解决一切问题，该坚守的还是要坚守，我强调过，每个人都有着急的时候，就算没有，你也可以给他制造，就算你不制造也许第三方同样会给他制造。只要你的坚持是对的，那就坚持再坚持，直到问题最终被解决。时间会给每一个坚守原则的人自我证明的机会！

总结一下，不管是转移焦点，还是从小切入，抑或是坚守原则，这都是智破障局的策略，简单说，智破障局一个字——"绕"。

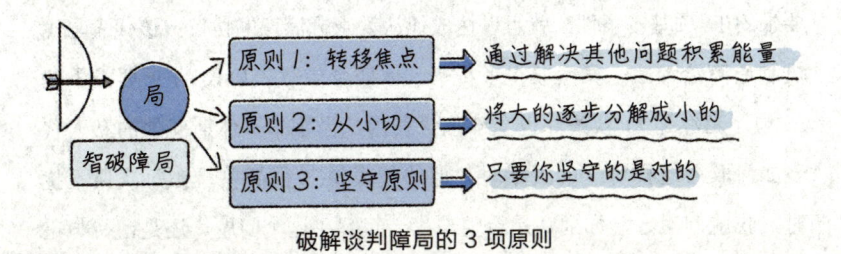

破解谈判障局的 3 项原则

第二种：智破僵局

僵局一般是指在谈判过程中，谈判双方有较大分歧，而又都不肯做出让步，从而使谈判呈现出一种不进不退的僵持局面和不太和谐的情绪气氛，使得大家都谈不下去了。遇到这种僵局的情况我们又该怎么办呢？

在这种情况下，最佳的变通方法，就是"换"。到底怎么换呢？提4个建议。

建议1：换人

可以换人再谈，我跟你谈不拢没事，我再找另外一个人去谈。比如找你的爱人谈，找你的上级谈，找你的同事谈。这样换个人，风格和原则都有可能不一样，再谈，就有可能改变目前的僵持局面。

美国大富豪霍华·休斯是一位成功的企业家，但他也是个脾气暴躁、性格执拗的人。一次他要购买一批飞机，由于数额巨大，对飞机制造商来说是一笔好买卖。但霍华·休斯提出要在协议上写明他的具体要求，内容多达34项。而其中11项要求必须得到满足。由于他态度飞扬跋扈，立场强硬，方式简单，从不考虑对方的面子，激起了飞机制造商的愤怒，谈判始终冲突激烈，导致谈判陷入僵局。最后，飞机制造商宣布不与他进行谈判。

霍华·休斯不得不派他的私人代表出面洽商，条件是只要能满足他要求的11项基本条件，就可以达成他认为十分满意的协议。该代表与飞机制造商洽谈后，竟然取得了霍华·休斯希望载入协议34项要求中的30项，当然那11项条件也全部包含在内。当霍华·休斯问他的私人代表如何取得这样辉煌的战果时，他的代表说："很简单，在每次谈不拢时，我就问对方，你到底是希望与我一起解决这个问题，还是留待与霍华·休斯来解决。"结果对方自然愿意与他协商，条款就这样逐项地谈妥了。

建议 2：换地

当然，我们也可以换地方谈，在办公室谈你觉得太压抑，那就先不谈了。先去吃饭，吃饭的时候边吃边聊。也可以到家里谈，还可以约个咖啡馆来谈。甚至先不谈，先上山去玩，去旅游景区，玩完再谈。

建议 3：换氛围

除了换人，换地方，也可以换个氛围再谈。我们可以由严肃的场合换到轻松的场合，也可以由轻松的场合换到严肃的场合，或者找个律师在场的场合谈，总之，只要有需要都可以换。多数情况下，是严肃场合谈不下去就找轻松的场合，因为严肃的场合，利益敏感度高，冲突也明显，换成轻松的场合，冲突就会软化很多。

美国前总统托马斯·杰斐逊曾经针对谈判环境说过这样一句意味深长的话："在不舒适的环境下，人们可能会违背本意，言不由衷。"英国政界领袖欧内斯特·贝文则说："根据平生参加各种会谈的经验，我发现，在舒适明朗、色彩悦目的房间内举行的会谈，大多比较成功。"

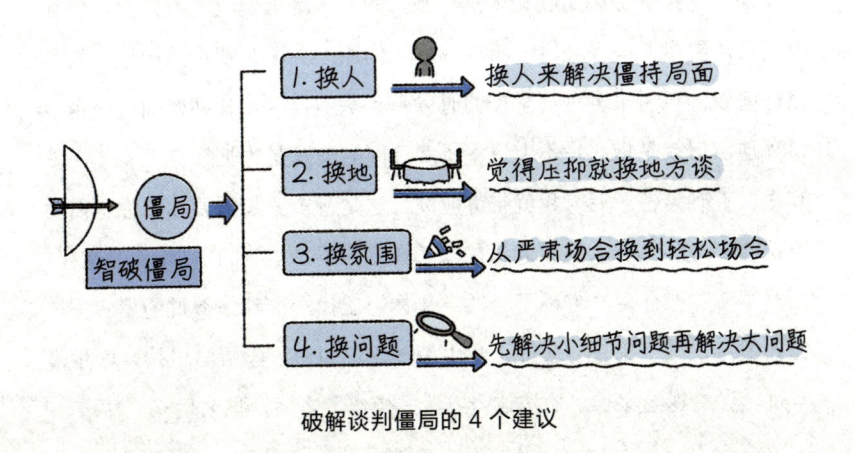

破解谈判僵局的 4 个建议

建议 4：换问题

当然也可以换个问题再谈，在谈判陷入僵局时，可以先把一些小细节的问题解决，再去解决大难题。

总之，换人、换地、换氛围、换问题，都是智破僵局的关键。

第三种：智破死局

死局就是双方谈崩了，没有任何妥协和让步的可能性了。那这种情况该怎么办呢？

变通的办法主要也是一个关键字，叫"升"，即升级谈判，引入第三方。就相当于双方虽然无法达成合作，但又仍然彼此需要，那就找个双方都信得过的有公信力的第三方来做担保，这事就还有可能谈成。

先给大家举个例子。前几年，我帮一个朋友的艺术培训学校做了个策划，让他的营业额翻了好几倍。

他的学校有很强的教学实力，能通过自己的一套方案确保零基础的孩子通过艺术联考和文化课二本线，如果通过不了，直接全款退费。这本来是一个非常不错的卖点，但是刚开始招生的效果并不好。

朋友总结的原因是收费太高，别人的艺术培训费收两三万元，他却收两倍还要多。但我经过分析认为真正的原因并不是费用的问题，而是信任问题。我后来去培训学校的时候，了解到很多家长都咨询过，也很感兴趣，但就是担心考不上退不了费，因为毕竟是先把钱交上去了，就有很多不确定性。后来我就告诉朋友，这是一个家长需要你、你也需要家长的事，能感兴趣、交得起钱的家长在意的不是学费的多少，而是信任。既然学费放在任何一方都不合适，那你们就找一个都信得过的第三方，比如银行，做个第三方公证，学生考过，没纠纷，学费给机构，学生没考过，学费退给家长。他按这个方法去操作了之后，报名量立刻猛增。

其实很多大公司，甚至跨国公司之间的谈判，因彼此不够熟悉和信任，以及出于对自己权益的保护，也都会协商用第三方公信力机构作为合作桥梁。

举个例子，GEOX 公司与浙江奥康集团的合作谈到后期时，拟定了长达几十页的协议文书，每一条都相当苛刻，为了达成合作，双方都做了让步。但在两件事上出现了重大分歧，一件是对担保银行的确认上，奥康一方提出以中国银行为担保银行，对方不同意，后来双方本着利益均衡的原则，最后达成妥协以香港某银行作为担保银行。另一件是双方对以哪国法律为依据解决日后出现的争端问题产生了分歧，使谈判一度陷入破裂边缘。GEOX 一方提出必须以意大利法律为准绳，但奥康一方对意大利法律一无所知，予以坚决抵制。奥康提议用中国法律，也因 GEOX 对中国法律一窍不通而遭到了坚决反对。眼看所做的努力将前功尽弃，最后还是双方各让了一步，以第三国（英国）法律为解决争端的法律依据而达成妥协。

相信现实生活中，你也经常发现，当民间纠纷无法私下和解时，只能升级给第三方有公信力的机构解决。比如，升级给仲裁机构解决，相当于把已成死局的谈判升级到相关的法律调解层面上。虽然这种公事公办的方式比较严肃，但这也是没有办法的办法。

再举个例子，开车下乡撞伤人了，虽不严重，但对方家属非要讹你，这本身就是一个死局，这时候你就可以采取升级的做法。比如，若对方就不听你走保险那一套，一直不依不饶的话，高效率的方法就是找当地权威长者出来说说话，做一个公证人，帮你们调解一下，再不行就升级报警或走法律程序。但你需要记住，越升级解决，强制性就越强，不到万不得已最好不要打官司，打官司容易造成双输的局面。

打官司除了时间精力之外，还有很多的隐性投入，比如律师费、交通费，等等。然而谈判的初衷是为了争取利益的最大化，打官司与此是相悖的。

谈判的最高境界是大家双赢，而不要追求某一方单边赢；面子上可以是我输你赢。所以太过升级有时候会超越谈判的边界，要把握好度。当然，能私下调解最好，成本又低，同时效率也高，也够彻底，而且保密性强。如果找第三方，就需要保持中立性，都需要公平公正，事情的进展将不取决于你个人的意志了。

以变化破解困局的功夫我们在这一节先讲这3个，智破障局用"绕"；智破僵局用"换"；智破死局用"升"。想了解更多谈判变通功夫，可关注我的个人公众号"卢战卡"，希望这些能够帮你在以后的谈判遇到困局的时候，更加灵活地变通，以变化破解困局。

23 | 赢功：双赢思维

有句广告词叫：大家好才是真的好。在商务谈判中也是如此，大家都达到了自己想要的目标，才是完美的谈判。所以，在这一节咱们聊聊谈判中取得双赢结果的思维和能力，简称赢功。

双赢思维，几乎是所有人际交往的基础，更是商务谈判获得完美结果的基石。因为大家能坐到谈判桌上，就证明彼此都有需要，我们只有知己知彼，才能做到各取所需。否则就有可能出现双输的结果。

就像分橘子的故事里描述的那样，两个小孩得到了一筐橘子作为对他俩的奖励，而对于怎么分，两人产生了分歧。因为筐里的橘子大小不一，又没有可以做到绝对公平的秤来称，于是两个人争吵了一番，到最后终于达成了一致意见，一人先负责把橘子分成两份，另一人优先选橘子，并且还请来了公证人。

实际上，一人只想要橘子肉榨橘子汁，而另一人只想拿橘子皮做糕点用。这看似很精明、很合理的谈判结果，仍然是双输的结果。而如果在他们谈判之初，就了解彼此的目的，做到知己知彼，就可以实现双赢的结果，一人要橘子皮，一人要橘子肉不就完了吗？你以为这只是个寓言故事吗？不，现实生活中有太多的情况都可以实现双赢。

既然大家都追求双赢的目标，就需要每个人都具备双赢的思维，以达到最后双赢的结果。为了提升大家在谈判过程中的双赢思维，我们在这里重点揭示一下双赢背后的5大思维模式，第一个是表面利益简单合并法；第二个是背后利益交合新案法；第三个是背后利益细分交换法；第四个是旁系利益导入交换法；第五个是降低对方让步成本法。

```
第一个：表面利益简单合并法
第二个：背后利益交合新案法
第三个：背后利益细分交换法
第四个：旁系利益导入交换法
第五个：降低对方让步成本法
```

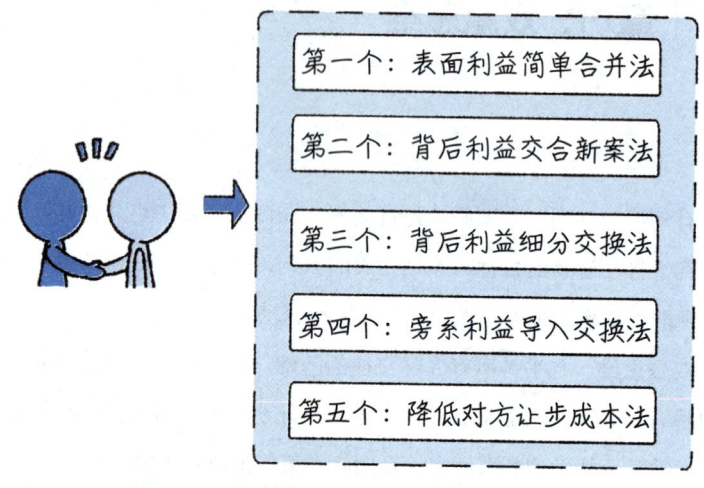

双赢背后的5大思维模式

模式一：表面利益简单合并法

表面利益简单合并法，就是谈判双方可直接结合来降低双方成本或扩大双方收益的思路。为了让大家更好地理解这5个方法，下面以生活中具体的事件为例做分析。

我之前"孵化"过一个刚毕业的女大学生创业者，她开了家婴幼儿游泳馆，平均一个月的业绩几乎赶上了其他同类游泳馆半年多的收入。她的阶段性成功除了在定价策略、营销技巧、模式创新和追销办卡等多方面的执行力外，重要的是双赢思维的应用。

举例1：合并宣传

我让她去跟楼上的儿童乐园以及所有针对婴幼儿用品销售的店建立关系，只要搞宣传就带上她一起，反正宣传要出广告费、发单费，那还不如拉一帮合作伙伴一起摊。这样既降低双方成本又扩大双方影响力，这就是表面利益简单合并法。

举例 2：异业联盟

另外有两家相邻的教育机构做不同领域的教育产品，平时你招你的生，我开我的课，互不相干。其实坐一起谈谈，对双方都不是什么坏事。用第一种思维，表面利益简单合并法，那就是两家机构都可以向彼此的学员互送一些免费公开课，只要学员们听完后想报名另一家的课程，还能享受彼此的特惠价。这样一来，没需求的学员占了免费听部分课程的便宜，有需求的学员得到了实惠，同时你们两家又互不影响，既提高了彼此机构自有学生的满意度，同时转化的学生也几乎没有增加任何营销成本。并且这些转化收入也可以两家共享，你们也没伤害客户利益，因为客户本身有此需求。

模式二：背后利益交合新案法

背后利益交合新案法，就是从双方背后的目的出发，找到利益能结合之处，谈利益交集可结合的方案。

我们先拿刚才提到的婴幼儿游泳馆举例。

举例 1：谈联合活动

游泳馆楼上的儿童乐园，经常要搞婴幼儿爬爬比赛，目的是什么呢？肯定也是让家长办卡消费他们的产品或服务。游泳馆其实也可以经常模仿类似活动，比如婴幼儿抚触按摩课堂、幼儿游泳类比赛等，目的也是让家长给孩子办长期的游泳卡。但为什么不能联合搞一个系列比赛，达到两边都能推销办卡的营销目的呢？

举例 2：谈联名福利卡

同时，还可以跟儿童乐园商谈把他们的办卡服务和自己的办卡服务结合，做一张联名福利卡，并且设置条件，只要在双方中任何一方办过卡的客户，都能享用联名福利卡。只要合作规则设计得好，绝对有利于双边办卡量的增多，因为对客户而言，一卡多用，体验内容更全了。当然，前提是你要让对方觉得你实力对等，就算没有场馆面积和流量优势，你也可以塑造你的服务品质和营销优势，只要能合作，大家就可以达到双赢。

举例3：重组合作，联合招生

此外，双方还可以联合招生，团队渠道共享，奖金机制也开放，把两个项目关联的部分拿出来，重新包装一个合作项目，进行联合推广。这就是背后利益交合新案法。

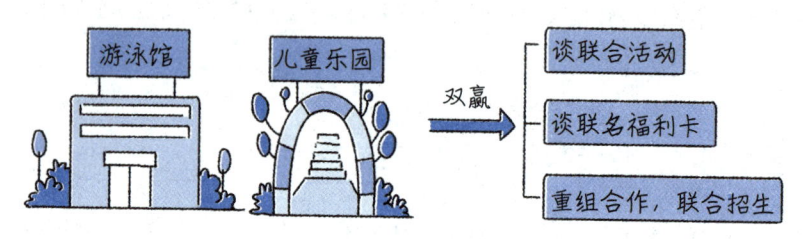

背后利益交合的实际应用

模式三：背后利益细分交换法

背后利益细分交换法，就是需要首先深度剖析双方背后的利益，把具体细分的利益需求和可提供的资源都罗列出来，合理匹配交换。你用不上的资源对别人来说可能就是利益需求，谈判本身就是交换的艺术。你有的资源他可能没有，说不定是他急需的，对你来说，无非是二次利用而已，他有的资源你可能不擅长又急需，道理是一样的。

举例1：软实力互助互推

拿刚才提到的婴幼儿游泳馆来说。作为初创的婴幼儿消费领域门店，刚起步阶段没有多少行业资源和上游渠道，但我们擅长营销宣传，其中就有一些人无我有的优势。接下来可以联络那些异业联盟商家，他们专营婴幼儿消费领域多年，有卖衣服的，有卖婴儿食品的，有卖玩具、日用品的，还有连锁性婴幼儿用品综合性超市，他们有丰富的上游渠道和行业资源，可他们大多都是传统门店，不一定擅长营销推广，所以我们可以针对他们特别有优势的产品谈营销合作。

我们可以给这些商家做营销策划推广活动，他们提供奖品或者能让我们代售的好产品，推广过程中，当然也可以带上我们游泳馆的促销政策。这样的话，借助他们的奖品或赞助把我们本就要做的营销推广给做起来，对双方都有好处。对我们而言，一是促进了游泳卡的销量，二是我们代理优势产品多了条产品线；对其他商家而言，我们相当于成了他们的小分店，产品在我们这畅销，他也获利。我们利用了其上游资源渠道，而他们利用了我们投入营销的人力和策划能力，都是细分软实力，这就是背后利益细分交换法。

举例2：人力换财力

再看那两个教育机构，如果用背后利益细分交换法，就相当于甲方背后有资本支撑但急缺做事的人才，而乙方有师资并擅长招募和培养人才，但处在发展初期且缺钱。那乙方就可以找甲方谈共同立项一个人才培养项目，乙方负责招生和培养，甲方负责品牌背书并提供必要的前期成本。从利益分配上，乙方大可跟甲方谈，培训费留乙方，人才留甲方，根据培养人才的质量和多少再谈其他利益分配。这是在我指导之下双方已经完成的愉快合作。

模式四：旁系利益导入交换法

旁系利益导入交换法，就是并非基于当下事件的双方利益，而是引入跟业务可能并不直接相关的其他方面的利益进行交换，往往这是基于双方额外的优势。

举例1：人才引荐与人脉互助

比如对游泳馆来说，来当店长的小女孩只是个刚毕业的大学生，来到这里人生地不熟，没有任何的社会人脉。而其他婴幼儿用品店的店长，有可能就是本地人，遇到什么麻烦都能摆平，对我们店长来说，这些人际关系就是其他店长可导入的旁系利益。而我们的店长作为刚毕业的创业者，在大学期间就参与了一大帮的创业者组织、社团组织，也认识很多训练有素的大学生人才，对其他店长来说，我们店长能给他们导入交换的旁系利益就是人才引荐。他们真正需要人手的时候，不管是兼职人员还是店长候选人，我们都能帮忙推荐。我们可用他们的人际关系或上游资源，他们可用我们的人才引荐，这些都可以作为商务合作的起始条件或附加条件，这就叫旁系利益导入交换法。

举例2：互为体面

再说两个教育机构，若用旁系利益导入交换法，首先要分析他们彼此的额外优势有什么。甲方老板是个老江湖，有庞大的人际关系网，不差钱，但要面子。乙方老板是个实干派，有不同类型的公司业务和实战团队，但不喜交际应酬。甲方可与乙方谈以后乙方的公关包在他身上，让乙方放手去搏，不管遇上什么不顺，他都能帮助解决；即使甲方不提要求，乙方听此照顾之词，也应该表态，"你的就是我的，以后你无论何时能用上我这边的人或渠道，你一句话！"自此，甲方就拿乙方当自己实力的一部分，碰上领导需要执行的事就交给乙方，乙方碰到营商环境麻烦的事就拜托甲方。一头务虚，一头务实，虚实结合，互为体面。这也是旁系利益导入交换法。

模式五：降低对方让步成本法

降低对方让步成本法，就是我方以成本价的方式给对方提供全部的服务，以此作为让步，以降低对方的投入，同时也要跟对方提类似的要求。

举例1：用成本换人情

拿游泳馆来说，如果发现某家婴幼儿消费品店的人流量非常大，你作为店长非常想跟对方合作，通过聊天，你发现那家店长和店员家也都有孩子，就可以跟对方店长谈，只要是他和店员自家的孩子来游泳，直接成本价，或一年赠送20次，作为对战略合作方团队的友情福利。当对方高兴了，你就可以跟对方谈其他条件了。其他的合作也可参考这种方式，比如把你家的易拉宝放他家门口，他家的易拉宝也可以放你家门口，都免费宣传，降低成本。这就是降低对方让步成本法的实际应用。

举例2：免费培训转咨询

游泳馆店长可以把"她是怎么用1个月赚别人半年营收"的经验打包成一种流程化方案，凭此跟更多实体店老板去谈，免费帮助他们做策划。比如她是怎么发动宝妈们全员营销的、怎么搞活动搞排榜的、怎么线上线下联合推广的、怎么通过积分制提高参与度的、怎么让客户更容易办卡续卡的等，这些都是她可贵的低成本、高价值且高回报率的谈判筹码。

举例3：把闲置资源重新利用

如果是那两家教育机构，我认为擅长招生的乙方，可以告诉甲方，可以帮其招生，甲方不用给工资，只需要兑现招生资金。甲方相当于零成本多了一个招生团队。甲方得到实惠的同时，乙方就可以跟对方提，"我们这培训若需要额外用到教室，你也应以成本价或免费的方式来支持我们。"这也算是降低对方让步成本法。

这一节讲到的实战思维可以应用到交际谈判、市场营销、整合资源等很多方面。比如我自己在第一次创业刚起步的时候，公司很多的物资设备都是拿培训换来的，双方彼此各取所需，自然皆大欢喜。当对方把有价的东西以成本或免费的方式给到你的时候,你就已经赚了。这种以物易物的方式,也算是降低对方让步成本法的思维应用。

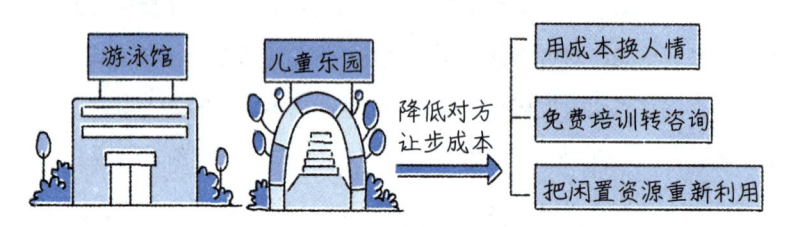

降低对方让步成本的实际应用

其实共赢还有很多的思维和方法,比如我在千聊上讲过一系列高层社交课,就专门讲到如何跟对方从利益共同体到命运共同体等共赢之道。不管怎样,要想赢,就要首先站在对方的立场去想,怎么先帮对方赢,你自己怎么赢的思路自然而然也就有了。不要去否定对方的利益,反而要创造可以实现对方诉求的可能,即使不能完美实现,但总比不能实现要好很多。

以上就是跟大家谈到的双赢背后的5大模式,这些都是双赢的思维方法,只要深刻理解并合理使用,相信工作、生活都会发生改观。

24 | 定功：坚定特质

纵观历史，那些深具影响力的领袖人物多数都有坚定的人格特质。无论是领导民族独立的印度圣雄甘地，还是战场上叱咤风云的"矮子巨人"拿破仑；无论是身残志坚的科学巨匠霍金，还是不惧权威为民权发声的马丁·路德·金……他们原本平凡，但因为坚定，所以注定伟大。

我们与人交际，需要的不仅仅是技巧、策略、思维、方法，更需要我们有一定的人格魅力做支撑。如果不具备这些特质，即使掌握再多交际技巧，也不会有太大成就。就算你跟谁都能相处，若自己内在没有定性，也始终遇不到贵人，也交不到真心朋友。

真正想成为交际高手，想通过社交成就自我，我们就不得不重视坚定特质的养成。坚定，需要一定的格局，还得有点远见，具备稳重和不屈的信念，还不能差一股狠劲和足够的耐心。

真正的坚定在谈判时，可不战而屈人之兵；公众演讲时，可上台煽动情绪；带领团队时，可轻松俘获人心；销售说服时，始终能赢得信任。

在这一节我们聊聊坚定这项特质在各种社交场合的应用和养成建议。

谈判时，需要坚定做筹码

相较于前几章节讲到的专业力、惩罚力、资讯力、情境力等谈判筹码，坚定更是一种非常强大的心理筹码。"任你风起云涌，我自岿然不动"，你若有这般定性和如此强大的内心，别说谈判场合了，就是任何其他场合，也很容易影响他人。

1. 坚定是最好的防御

之前我们讲过，谈判是一场谋略上的博弈，很多谋略方法，都是为了让对方妥协让步，以争取更大的利益空间。而在高手辈出的谈判场上，当我们用这些方法争取更好的谈判结果时，对方也同样会对我们用尽这些谈判的策略方法。所以，我们就要做好防御，不能轻易地被别人逼得让步了。最好的防御，就是你的原则、底线、足够清楚，足够坚定，才能确保自己的阵营不受侵害。当然并不是说每次都不退让，之前的让功已经教会了我们有效退让从而反向牵制的技巧，但在这里，我们要掌握坚定的筹码，避免不必要的让步，同时还要让对方做出更多的让步。

相信大家都很熟悉抗美援朝的历史，当时正值新中国成立、百废待兴之际。虽然从武器装备和军备物资上，我们都无法与美军相比，但我们还是最终坚持到对方停战服软。能取得如此重大的胜利，离不开我国领导人和广大指战员坚忍不拔的战斗意志。

抗美援朝期间，在获悉美国正在悄悄筹划使朝鲜战争扩大化时，周恩来总理在一次报告中说："我们要继续斗争下去，要在这条战线上打得美帝国主义罢手，不管一年也好，两年也好，继续下去也好，总有一天要打得它罢手。"事实再次证明，不怕贫弱，就怕意志不坚定。我们真下定了如此决心，美军反而没过多久便在板门店签了停战协议。

2. 坚守价值观的人拥有坚定筹码

其实坚定就是一种非常强大的人格影响力，在这个世界上能做到真正坚定的人不多，凡事做到不为所动是很难得的品质。一个人愿意坚守这样的价值观就能拥有这种筹码。

3. 原则面前，一次破例前功尽弃

既然坚定为一项谈判筹码，我们要注意，在原则性问题上，任何的不坚定、不一致或破例，都有可能让你前功尽弃！

1982年，英国首相撒切尔夫人访问中国，就香港前途问题与邓小平同志进行会谈。谈到香港的主权归属，邓小平毫不含糊地指出："中国在这个问题上没有回旋余地，坦率地讲，主权问题不是一个可以讨论的问题。"接着，撒切尔夫人又抛出"三个条约有效论"，邓小平仍宣布中国政府不做晚清政府，中国领导人绝不当李鸿章。

又一轮谈判中，显然撒切尔夫人被邓小平的坚定姿态影响到了，她不再谈之前的"三个条约有效论"等要求，转而提出"用主权换治权"，即英国同意香港回归，属中国主权，但英人治港，而非港人治港。没想到的是，邓小平再次明确表示"主权换治权"的方案行不通，并再次强调："中国1997年收回香港的政策不会受任何干扰！"

由于中国政府的毫不妥协，英国使出的各种招数均告失败。经过2年的风风雨雨和22轮的艰苦谈判，中英两国终于达成协议，我们也迎来最终的胜利。试想，如果我方因英国软硬兼施、变幻莫测的方案而中途动摇，有所让步，结局也许就很难想象了。所以，我们与人谈判时，永远要守住自己的原则和底线。

▍销售说服时，态度信念需坚定

在说服顾客购买产品时，状态是否自信坚定，往往起着至关重要的作用。换句话说，你想让人相信你的东西好，你自己一定要先相信。你是否从内心真正热爱你的产品，顾客能感受得到。这就需要在出门面对顾客之前，必须先确定自己的信念——100%相信自己是在帮助客户。

做销售，不是凭自己的三寸不烂之舌去说服人，而是去帮助人。如果你还没做到100%相信自己是在帮助客户，就要检视一下自己，到底是什么原因？

原因1： 对产品不够了解，缺乏信心。

建议： 找更专业的同事全面深入地了解它，认识到物超所值后再干。

原因2： 对产品足够了解，发现产品并非物有所值。

建议： 产品真不好，就不要做了，去做你认为有价值的事。

一个人的坚定信念不是凭空而来的，而是建立在真正的利他心基础之上的。当你有真正的利他心，所销售的产品又是物超所值时，你还会在成交收费时不好意思吗？就算真的被拒绝了，只要你坚信自己是在帮助人，你也只会觉得这是他的损失，而不是你的损失，你仍会继续去帮助下一个人。

这就好比，你若好心好意拿着钱去资助那些需要救济的人，但有人接过钱却把钱摔你脸上骂："别想骗我！"你会沮丧吗？如果你的钱没有问题，都是真的，那么面对别人这种无理行为，你很可能会愤怒，这种无理行为会促使你认为，这些人根本不值得留恋。你会继续带着爱，去帮助那些值得帮助的人。

有句话说得好：一切的销售，都是为了爱。当你真正想去这样做的时候，还怕有谁会不张开怀抱来拥抱你吗？

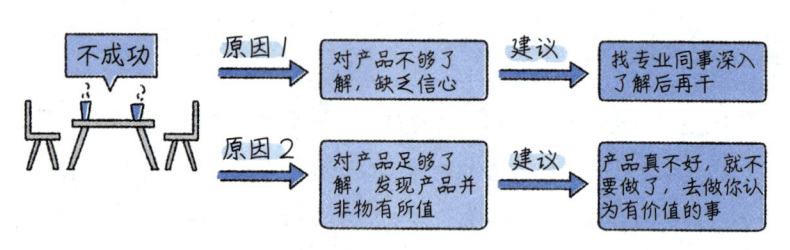

销售信念不够坚定的原因

公众演讲时，坚定成就万人迷

1. 演讲放大人生，但越放大越考验定性

还记得世界上最简短、最震撼的演讲吗？

二战期间，在剑桥大学的一次毕业典礼上，整个会堂坐满了人，他们正在等候丘吉尔的出现。正在这时，丘吉尔在他的随从陪同下走进了会场并慢慢走向讲台，他脱下大衣交给随从，然后摘下了帽子，默默地注视所有的听众。过了1分钟后，丘吉尔说了一句话："Never give up（永不放弃）！"丘吉尔说完后穿上了大衣，戴上帽子离开了会场。这时整个会场鸦雀无声，1分钟后，掌声雷动。

坚定立场、铁腕风格，让丘吉尔不仅在英国乃至在国际上都深具影响力。丘吉尔曾经说过："一个人可以面对多少人讲话，就代表这个人的人生成就有多大。"但不要忘了，演讲是个放大镜，当你想折服众人时，就更需要有经得起考验的信念和无所畏惧的态度。

其实，世界上所有具有煽动性的演讲，无不立场坚定，演讲者都有令人折服的魅力。

2. 先做一个自嗨的人，再去燃爆全场

能够在公众场合燃爆全场的人，本身就应是一个能够自嗨的人。就像乔布斯，如果没有求知若渴（stay hungry）的内在严苛，就不可能有每次演讲中的全场尖叫；如果没有坚定的信念，就不可能完美地说出"活着就是为了改变世界"的警世语句。而这一点是装不出来的，即使能装，也不长久。

乔布斯的演讲总能让人激情澎湃，其实不仅场上如此，场下也是如此。他就像一个布道者，永远坚定且独立。最有煽动性的例子，莫过于挖走百事可乐的总裁约翰·斯卡利时他问的那句话："你是想一辈子卖糖水，还是跟我一起来改变世界？"一句话，将500强老总招纳到门下。

每个人都想追求卓越，不要再把一切带有鼓励色彩的语言当作"毒鸡汤"，因为那是对自己坚定性的否定，每一次的否定，都会让你离成功越来越远。当你勇于相信一些事情时，你的人生也更容易成功。

面对公众时同样如此，想在台上调动全场，你就要善于让人相信一些愿景，而让人相信的最佳方式，就是你追求卓越的行动和态度，正如《三傻大闹宝莱坞》的片尾语提醒的那样：追求卓越，成功会自动找上你。

带领团队时，坚定赢得领袖权威

1. 什么样的人最适合做领袖？

究竟什么样的人容易成为领袖呢？曾经有群体心理学的相关调研给出结论：那些容易兴奋的、偏执的，以及一切徘徊在疯狂边缘的人，更容易成为领袖式人物。你可以问问自己，你有这些特质吗？

曾经的英特尔总裁格鲁夫写过一本影响巨大的管理学著作，叫《只有偏执狂才能生存》。书中他提出了一个新的管理理念：偏执狂管理。其实我们不难发现，不仅是企业界，在任何领域，但凡大成就者都有超越常人的坚定和疯狂。他们那种"毫无理由地相信，不计代价地执行"，让所有对手无不望而生畏，让所有追随者无不坚定拥护。

2. 坚持的力量比力量本身更可怕

如果你身上天生不具备上述特质，但仍然想拥有领导权威，那至少要做到坚持。因为坚持的力量更可怕。

举个例子说明，拿破仑小的时候，有一个高年级的学生欺负他。那时候拿破仑个头非常矮小，但是他每天放学都会找那个学生约架，并且每一次都被打得鼻青脸肿，但他就是不服。直到后来，那学生苦求说："我服你了，咱能不打了吗？我向你道歉还不行吗？"拿破仑当时就撂下一句话："早知今日，何必当初！"然后以胜利者的姿态，扭头就走了。

拿破仑从小就表现出的那种坚持，让有力量的人在他面前也显得毫无力量，这就说明坚持的力量比力量本身更可怕。如果我们还没有成功，也许只是因为我们坚持得还不够。

3. 争议不可怕，可怕的是一直不确定

那些坚定的人，虽然他们的表现可能会有所争议，但他们往往会拥有更多的拥护者，坚定的人往往不是朝令夕改，而是说一不二，这种人更容易赢得信任，因为人都有一定的不确定感，当他遇到一个足够坚定的人，就相当于为排除自己的不确定找到了捷径。

那些能够描绘愿景、铸就梦想的企业家，往往在刚开始带大家创业的时候，也都是自带光环的精神领袖，他们忠于信仰，拥有一批忠实的追随者。当一群人都可以做到为信仰而战的时候，几乎没有他们干不成的事情。

同样是讲梦想，有些人一开口就让人觉得烦，而有些人一开口就令人无比振奋。你看看这两种人讲话时的状态或分析一下他们过去的行为，就能知道，那些自己做不到而要求别人做到的人，往往让人反感；而做任何事情都身先士卒、一马当先的人，即使他们过去也有失败，但是，他们不屈的意志总能获得信任。

4. 坚定不是领袖特权，而是人人皆可有的气质

不管是价值观上，还是信仰追求上，坚定的信念并不是那些领袖人物的特权，你想做是同样可以做到。人不是因为做领袖而坚定，而是因为坚定才成为领袖。

从人格魅力的角度来看，所有人都喜欢特别有主见并足够坚定的人。这是人之常情，因为坚定本身就是一种气场，会给人以稳定、靠谱、有安全感的感觉。坚定意味着你知道自己要什么，也知道该怎么做，还能做到力排众议、坚持己见，不受周围环境的干扰和影响。你总是特别容易让人信服，哪怕起点很低，也终将成为万人迷。

曾经有一次，马云向一位公司老总推销网络黄页，没想到在听完他的一通介绍后，那位老总既诚恳又惋惜地对他说："虽然你与众不同，但你太没智慧了，就是弱智也不会相信你。我劝你做点正事赚钱，别到处骗人了。"

面对如此的质疑和嘲笑，马云曾说过一段话："从1999年阿里巴巴创立以来，就一路伴着骂声长大，当时所有的人都认为这个模式不可能成功，不过没有关系，我不怕被骂，反正别人也骂不过我。我也不在乎别人怎么骂，因为我永远坚信这句话，'你说的都是对的，别人都认同你了，那还轮得到你吗？'你一定要坚信自己做得没错。"显然，后来的马云，从"奇葩"变成了"奇迹"，因为坚持，他最终成了赢家。

无数像马云这样的成功案例，都向我们证明，想成为领袖式人物，想拥有领袖权威来影响他人，从一开始，就不应放弃你坚定的气质。

3种坚定方法放大领袖权威

在这方面，法国著名社会心理学家勒庞的巨著《乌合之众》，曾用大量笔墨描述了群体心理。大众心理有规律，相信那些目标感极强的领袖人物，对世界的理解和人性的了解都无比深入，所以，他们总会在公众面前有相似的表现，也就不足为奇了。

方法1：断言未来

勒庞通过对群体心理和领袖人物的观察，发现群体因为夸大自己的感情，因此只会被极端感情所打动。而希望感动群体的领袖人物，一般都出言不逊，信誓旦旦。他在《乌合之众》里有分析，大凡能够成就大业的领袖人物，最重要的品质是必须具备强大而持久的意志力，这是一种"极为罕见、极为强大的品质，它足以征服一切……"

断言未来，往往就是在没有完全科学依据的情况下，对未来做出简洁有力的判断，不必理睬诸多的推理和证据，这是让某种观念进入群体头脑最可靠的办法之一。一个人越敢于在公众面前，在缺少科学依据的情况下断言未来，并且表现出足够的坚定，你在大家的心中就越容易建立起一定的神秘色彩。

以前在一些不了解马云的人的眼中，马云始终是一个爱说大话的家伙，骄傲自大且目中无人。他曾说过：

"B2B 模式最终将改变全球几千万商人的生意方式，从而改变全球几十亿人的生活！"

"2004 年，我们要实现每天利润 100 万元；2005 年，我们要每天缴税 100 万元。"

"现在，商人们打开电脑，看到的界面是 Windows，将来，他们看到的会是阿里巴巴！他们需要的一切服务，阿里巴巴都将提供。阿里巴巴将是贸易的代名词！"

领袖人物在公众面前的断言，越缺少证明和解释，就越有威力。如果结果确实应验了，大家都会觉得你在某领域有一定的天赋。

当然，断言未来绝对不意味着拍脑门做决定，也不意味着对事情的结果毫不在意。一个具有领袖权威的人，自然少不了高瞻远瞩的战略能力，断言未来，只是在他影响群体意志方面，用最简洁有力的方式，帮他进行意志的延伸。

方法 2：重复强调

重复强调美好的愿景，会让人更愿意相信是真的。因为当一种景象被重复次数够多，就会有人把其当作必然事实来对待。所以，很多企业家会在企业成长期，不断地去重复描绘梦想，描绘得越具体，就越让人觉得真实，越有坚持的动力。

重复是另一种体现领袖权威的坚定表现。在不断重复宣传的过程中，大家已经把这种断言的未来当作事实来期待，群体信心自然大增。

方法 3：公众传染

人们生活的环境，周围如果相似群体居多，就很容易产生"多元无知效应"——每个人都在看着别人怎么办，此时群体得到的判断往往来自对身边每个人的观察。正因如此，在群体中如果注意对周围人群情绪的引导，就能起到显著的效果。

有时一对一不好说服的观点，一旦变成了一对多，就会有更多人变成拥护者。领袖人物深知，情绪的传导是最快的，尤其是在群体之间。就像在羊群里，几只羊受到惊吓后很快就会影响到整群羊。所以，想扩大领袖权威，就要想办法发挥公众的传播力量。

坚定地断言，重复地强调，广泛地传播，自然能渗透人心，甚至能触及灵魂。

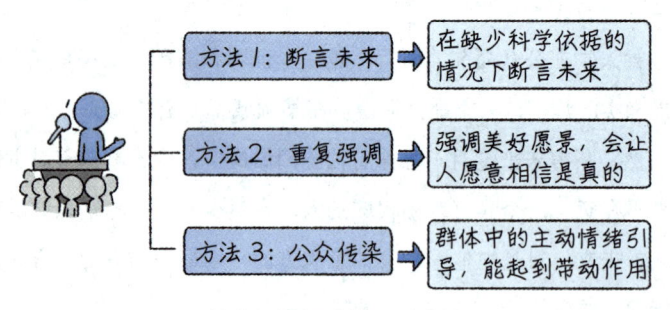

方法1：断言未来	在缺少科学依据的情况下断言未来
方法2：重复强调	强调美好愿景，会让人愿意相信是真的
方法3：公众传染	群体中的主动情绪引导，能起到带动作用

放大领袖权威的 3 种方法

功法万千，大道归一。掌握再多功法，想要游刃有余，都离不开坚定的特质。万变不离其宗，坚定是所有功夫发挥威力的基石，也是实现理想的必备特质。希望你早日拥有坚定这项特质，让你无论面对任何场合，都能做到以不变应万变，成为最终的大赢家！

扫码领福利

卢战卡

- 全国青联委员、全网粉丝1300万+的知识型IP
- 头条、百度等多平台公益助学先锋荣誉获得者
- 抖音官方认证知识分享官、2020百大人气创作者
- 头条金V优质职场创作者、头条认证短视频营销专家
- 一汽大众、泸州老窖、中国平安等众多500强企业特聘讲师

战卡成长营

① 每日分享带你轻松长知识
② 让你变得更强的成长环境
③ 一群高质量的成长型伙伴
④ 【定期精选】值得看书单

扫码免费加入，我在群里等你哦

扫码关注公众号
回复"成长"
免费加入战卡成长营

全套思维导图

《社交资本》系列丛书三本书籍《影响式社交》《影响式表达》《影响式销售》核心精华的思维导图，共计"70套社交功夫"，立刻扫码，免费领取！

立刻扫码
发送"导图"
即可领取

扫码领取福利

战卡成长营

1. 每日分享带你轻松长知识
2. 让你变得更强的成长环境
3. 一群高质量的成长型伙伴
4. 【定期精选】值得看书单

扫码免费加入,我在群里等你哦

扫码关注公众号
回复"成长"
免费加入战卡成长营

全套思维导图

《社交资本》系列丛书三本书籍《影响式社交》《影响式表达》《影响式销售》核心精华的思维导图,共计"70套社交功夫",立刻扫码,免费领取!

立刻扫码
发送"导图"
即可领取